Hannu Salmi

何謂
數位歷史學？

WHAT
IS
DIGITAL
HISTORY?

現在我們都是數位歷史學家

漢儒‧薩爾彌　著
范純武、湯瑞弘　譯

目次

好評推薦

現在我們都是「數位歷史學家」，本書作者在探討這一新興學科的起源和內容時，描繪了我們必須共同航向的知識領域。《何謂數位歷史學？》提供了確實的指南，是一位受歡迎的同伴。

——提姆・希區考克（Tim Hitchcock），
薩塞克斯大學人文實驗室主任

我從這本書中學到了很多。我欣賞它的討論層面覆蓋全世界，尤其是所描述的例子的多樣性。對於那些希望讓學生熟悉線上檔案的廣泛性以及由此產生學術研究的大學入門歷史課程來說，這本書將會是一個特別有用的資源。

——喬・古爾蒂（Jo Guldi），南衛理公會大學

如果「史學即是史料學」，數位歷史學的發展問題會是什麼？

范純武

一九二八年五月傅斯年（1896～1950）寫下的〈歷史語言研究所工作之旨趣〉開篇即說到：「近代的歷史學只是史料學」，要利用自然科學供給我們的一切工具，去整理一切可以逢著的史料，並秉持著達爾文的進化觀念作為方法；這篇把歷史語言學建設成等同於地質學般的「科學」，乃至於要「科學的東方學正統在中國」，如此豪氣干雲的一篇檄文，近百年來，在幾代學人的共同努力下，已竟功幾許？仍

尚待言。*找尋史料，傅斯年認為要「上窮碧落下黃泉，動手動腳找材料」的觀念幾乎已成民初以來歷史學研究方法論介紹時主要宣揚的態度，延續至今。

傅斯年的主張是吸收了德國伯倫漢（Emst Bernheim, 1850~1942）《史學方法論》和法國朗格諾瓦（Charles-Victor Langlois, 1863~1929）和瑟諾博斯（Charles Seignobos, 1854~1942）合著的《史學原論》而來，是帶點折射的蘭克實證史學的觀點，一如我們對於傅氏特別主張「史學即是史料學」的本意，常還只停留在浮面，不理解他將近代史學拉成史料編輯學，是企圖建立以史料為基礎的「新」史學。[†]

民初以來有著數波的「新」史學呼聲幾經轉折，其中之一的發展走向是建立在王國維、傅斯年等主張將歷史學的研究材料擴大到如考古挖掘、碑刻器物等實物史料之上。傅斯年曾說：「史料的發見，足以促成史學之進步，而史學之進步，最賴史料之增加」[‡]；如果秉承此論，此刻我們所處的數位時代能接觸到的史料廣度和深度應該是過往史家從未企及的，而經過數位化「壓縮」後的各種史料，只要在螢幕前爬羅剔抉，在彈指之間，各種史料儲存在數位資料庫、數位

環境中，任君瀏覽外，還可藉由數位文本挖掘工具，讓史料氤氳所在的各種向度和維度的探討成為了可能。傅斯年所說「因行動擴充材料，因時代擴充工具」，數位工具一直都在進展當中，對數位時代的歷史學需求而言，亦是一樣。

　　當然，所見及史料的多寡，不必然會與史家、史著的見識高低，成絕對的正比。史家對於閱讀史料時敏銳的觀察與感受，厚植歷史意識的內涵與良好表述的能力，有時像是手藝匠人般的琢磨過程，講究手感，所謂「史識」，其間究極奧義，有時只存乎一心，頗難言表。可缺乏史料佐證，其說不免流於空談。從學科發展的角度概略地說，民初隨著知識

＊　王汎森，〈歷史研究的新視野：重讀歷史語言工作之旨趣〉，《古今論衡》第 11 期，2004，頁 1-12。林富士，〈數位考證：人文學者的新素養〉，《數位典藏與數位人文》第 5 期，2020.4，頁 1-35。黃進興，〈機構的宣言：重讀傅斯年的〈歷史語言研究所工作之旨趣〉〉，復旦大學，《復旦學報》（社會科學版），2017.9，頁 19-28。

†　羅志田，〈証與疏——傅斯年史學的兩個面向〉，《中國文化》，2010 年第 2 期，頁 186-201。

‡　傅斯年，《史學方法導論·史料論略》，《傅斯年全集》第 2 冊，（台北：聯經出版，1980），頁 371。

體系的重整，歷史學邁向了學科建置的過程，歷史學成為強調在特定空間範圍內，解釋社會人群發展各個面向的學科性質隱然成形。三〇年代以後，以時間、空間、事類三大架構為主體的課程形態，為各大學歷史學系課程的基本架構。四〇年代起受馬克思主義影響，唯物史觀學派與史料學派時有論辯；「解放後」唯物史觀派轉走上風，一九五八年「厚今薄古」的路線批鬥，擴音器的唱名，嚇死了陳寅恪。幾經波折，一直以來據實寫真的科學主義式的歷史學，相信歷史可以客觀的被呈現，強調因果律科學的敘述是歷史學的主流。史料與史觀學派兩造於「史料至上」的基本態度，對此實則爭議不大。時至今日，即便後現代史學對歷史文本敘述本質有著虛構性的質疑，歷史學仍像德希達所言：「文本之外無它。」

　　彷彿希臘掌管歷史的繆斯女神克利奧就站在身旁，隨時打開電腦就可以開啟窺探史料的大門。某種意義來看，現今的歷史研究者都已經是數位化的歷史學者，身為數位原生代的研究者，在數位環境裡優遊已如呼吸般自然。很難想像曾身處數位斷層世代的學者都曾有過的經驗：在昏暗的圖書館

燈光下，耗費多時，翻閱數十本厚重如磚頭的期刊索引工具書，只為了查找是否曾經有人做過和自己研究相關的隻字片語？更不用說像陳寅恪抗戰逃難時念茲在茲的是傾家蕩產剛從日本購入一套《大正藏》又會流落何方？為了開設魏晉南北朝佛教史課程，到處寫信詢問哪兒可以借得到上課要用的佛經？若他知道現今期刊、大藏經在網路上可以查找、檢索，想必是徒呼負負。

　　史學會隨著時代推移，一如潮汐。1950 年布勞岱爾曾說過，歷史學要承擔巨大極具挑戰的責任，「歷史學是它時代的孩子。」因為從歷史學的本質和變遷來看，它一直依賴於具體的社會條件，如果它的方法、計畫和昨天還看似嚴謹可靠的答案、觀念，都會在傾刻間崩毀。*這篇源自對第二次世界大戰後的感嘆與悲鳴，卻也說明歷史學之所以轉向法國年鑑學派那種對社會、人口、地理結構進行長時段觀察的心態背後的使命，從一個更長的時間脈絡來理解歷史結構

---

* 費爾南‧布羅代爾（Fernand Braudel）著、劉北城、周立紅譯，〈1950 年歷史學的處境〉，收於《論歷史》（北京：北京大學出版，2008），頁 6。

變遷的趨向；而長時段的觀察需要對龐大的歷史資料進行處理，年鑑的後繼者開始運用計算機統計觀察趨勢，拉瓦杜里很早就意識且預言到：將來的歷史學者或許會是一個電腦的程式師。這個時期還是將計算機輔助歷史研究視之為計量經濟史學的分枝或延伸。一九五○年代社會科學的發展刺激到歷史學，伊格爾斯（Georg G. Iggers）認為，這是當時史學界試圖放棄對敘述和事件的強調，而去尋求建立一種有關結構和社會力量的「歷史社會科學」，歷史的科學性僅僅在於把能夠數量化的各種普遍關係加以系統闡述。計量史學受到了重視，被視為歷史學社會科學化的表徵。無論中外的歷史學發展，明顯地都走向了一直在追求科學般的話語和論證方式，而計量史學似乎將達到了這般期望的成就。

一九七○年代後，計量史學一度成為顯學，大量資料數據的統整、分類計算、微積分、統計學的語彙，貌似科學的操作方法與外觀，實則離開歷史本體「故事」所帶來魅惑的感動，愈來愈遠。這也正是後來「敘述史學」之所以又能得以「復興」，計量史學聲勢轉而逐漸沉寂，科學的內在根性仍使其內化成為歷史學的骨肉。

　　在傳統史學中，理解歷史更多的是作為一種「使命」，譬如說司馬遷的《史記》被認為是中國歷史學的源頭，實則可以說是一種「新經學」，究天人之際，通古今之變是為了「成一家之言」的「經世」之學。西方到了十九世紀中期後，蘭克確立了一種作為「職業」的歷史，歷史首要的觀念是「真相」，它可以透過忠實於資料，著手探究之後就可以企及。歷史是工業革命後眾多學科職業化的一員，為了近代民族國家所需要，而國家也提供並維持創造這類論述的知識階層能夠存在，此時的歷史是為了民族國家所服務。而在學科建置的過程之中，或是作為一種「職業」，在方法上與研究工具的持續精進鑽研乃成為自然。*現在的歷史學研究者，不再特別主張立志於宏大的敘事的建立，而在專一分項的領域進行打磨，譬如性別史、物質史、城市史、環境史⋯⋯個別的專史領域成為歷史家們的自稱。這時候歷史的「過去」，則會成為了同儕之間認可的過去，在審查委員

---

*　約翰・阿諾德著，李里峰譯，《歷史之源》，（南京：譯林出版社，2014），頁 56-58。

制、大學科研的各種要求，要發表論文和要學界認可中，所確定的「過去」。至此，探索過去的目的與動機，這個行為本身又為了什麼？

要回答上述的問題，當然不是三言兩語能夠解決的，科學化與職業化的歷史家思維與歷史意識，會有什麼樣的問題？是後來的我們，應該要不斷持續思考的。在數位時代翩然降臨的同時，這一個大的浪潮很快就已湧現到腳跟前，歷史學這門學問，本質上是否也要開始隨著史料的數位化，進行數位轉向？尤其是歷史學是以資料為核心奠基的學科。

回顧數位計算運用在人文領域的歷史，提及其肇端，多半會提到一九四九年義大利的神父羅伯托・布薩（Roberto Busa, 1913~2011）所開啟的首例；他遇見了 IBM 的創辦人之一湯瑪斯・華生（Thomas Waston），開始使用打孔片（punch card）將中世紀經院學派的神學家聖托瑪斯・阿奎那（Saint Thomas Aquinas, 1225~1274）的著作製作索引，釐清語詞的用法與位置，探索其使用上的規則。這項整理工作進行了近三十年，才將成果出版。*那時的電腦體積碩

大，使用和輸入相當不便，一直到一九八一年後個人電腦開始普及，資料處理的環境逐漸變好，一九九〇年代網際網路出現，軟體設計和硬體的建置更為良善，資料的取得開始變得便利。[†]這段期間過去曾被視為是人文計算（humanities computing）的時期，人文計算自二〇〇四年後《數位人文指南》的出版，此一名詞逐漸為數位人文（digital humanities）的語詞概念所取代。語詞上從人文計算轉而到數位人文，這樣的轉變饒有意義。概括地看，這兩者的區別是：人文計算比較偏重在人文學科的工具性使用、方法論和文本的數位化層面，譬如詞彙文本分析和機器翻譯。數位人文更像是一個社會類別，也像是一個戰略術語；如同一個馬戲團的穹頂大帳篷，可以將所有人文類科的數位學術研究都囊括在內，這

---

* 許雅惠，〈在數位時代研究歷史〉，發表於歷史學柑仔店網頁。胡其瑞，《數位人文視野下的華人宗教研究：以 DocuSky 數位人文學術研究平台為例》，《華人宗教研究》16，2020.7，頁137-168。

† 項潔、翁稷安，〈導論：關於數位人文的思考：理論與方法〉，收於《數位人文的新視野：基礎與想像》，（台北：台灣大學出版中心，2011），頁 10-17。

樣做會更具開放性，也有協作的可能。＊這個學術話語的轉換是全面性的，非常明顯地體現在各個層面，從機構和學科與社會組織名稱的轉型上，顯示這種轉變的趨向。

　　一九五〇年後至二〇〇四年是人文計算的發展時期，關於人文計算的意義，數位人文提倡者愛德華・凡浩特（Edward Vanhoutte），曾有個生動的比喻，他說人文計算就好像法國雕塑家羅丹（Auguste Rodin, 1840~1917）在一八八九年替巴黎裝飾藝術博物館所做的雕塑大門「地獄之門」；同樣是兩片分離的門扇，有各自的歷史和意義，此門因為博物館後來並未興建，原先的雕塑遂從裝飾的功能性設計解放出來，並衍生出許多獨特的藝術品，譬如在地獄之門前思考的但丁像，著名的「沉思者」原本是該門上的雕塑品。凡浩特提醒我們，「數位人文」要做些什麼？它和世界的關聯性又是什麼？所帶來的影響無論是好是壞？我們所打開的又是否是「地獄之門」？無論如何，面對這些問題都責無旁貸，不應該回避。†

　　把歷史學納入在人文社會的範疇之中，當然是無庸置疑的。如果說數位人文就像是建立了一個馬戲團的大帳篷，你

可以說數位歷史學就好像其中的一個分支，只是眾多表演者之一。好像戲法人人會變，巧妙各自不同，我們也可以吸收表演者或研究領域的長處。這個帳篷能夠賦予學者探索自身興趣的自由，無論他們在研究和教學的領域中處於什麼樣的位置。這樣的形容看起來是一個美好的理想狀態。

關於數位人文研究的可能性還有一個很生動的比喻，就像大航海時代的航海家們，我們會在無盡的海洋中尋找靠岸的島嶼，並將可能見到的一切新事物試圖去重新尋求認識的方式，一如林奈、達爾文在大航海時代的經驗之中建立了生物系統和進化論觀點。[‡] 數位人文還處在一個未知的可能性

---

* 　梅麗莎・特拉斯（Melissa Terras），〈窺探大帳蓬內部〉，收於梅麗莎・特拉斯等著，陳靜等譯，《數字人文導讀》，（南京：南京大學出版，2022），頁 305-318。

† 　愛德華・凡浩特，〈地獄之門：數字／人文／計算的歷史和定義〉，收於梅麗莎・特拉斯等著，陳靜等譯，《數字人文導讀》，2022，頁 139-146。

‡ 　維拉德・麥卡蒂，〈樹木、草皮、中心、群島──還是荒野之地？人文計算的隱喻和故事〉，收於梅麗莎・特拉斯等著，陳靜等譯，《數字人文導讀》，2022，頁 113-119。

當中，我們不需要急就章地就去下一個完整的定義。我們好像還在時間之流中，正在摸著大小不同的石頭，在跨出落腳之處時，即便舉步蹣跚、失足，每一步的嘗試，看起來笨拙，這都是為了下一步的可能而前進。如果我們只將歷史學放在數位人文學之下，這看似安全的做法，實際上還是會有些問題的。尤其歷史學和資料之間的關係性和其他學科有著很大的區別。這些史料是「真實」發生的過往。

尼古拉‧奧芬斯塔特（Nicolas Offenstadt, 1967~）曾經說：「歷史是立足於材料的、時間的科學」。*歷史學家與史料之間的關係有時也超越了他所能處理的範圍，對歷史學而言，研究上所碰到的物質層面，常常是研究者與其研究對象之間關係的一個部分。譬如說銘刻於不同材質如石頭、青銅器、竹簡等⋯⋯不同材料上的訊息，理解方式不太相同。過去歷史研究者訓練過程中，都會注意查閱材料物質的重要性，特別是當談及人們所研究的過去之時。歷史學家與材

---

* 尼古拉‧奧芬斯塔特著，修毅譯，《當代西方史學入門》，（北京大學出版社，2022），頁33。

料之間的物質接觸是一個個非常特別的、有時甚至是使人不安的時刻，譬如：當涉及到幾個世紀之後，才得以解封的檔案，亦或者發現了被歷史完全遺忘的，曾經被判刑的人們的鮮活生平時，會產生的那種過往是「真實」存在的感覺。更不用說，翻閱陳舊的各種檔案、文書、某人書寫的便條紙，附著在這些物件裡，飄散在空中瀰漫的，是屬於歷史的某種「氣味」。

　　相對來說，數位人文主要關注人文學科的領域譬如文學、語言學、哲學等，他們使用了數位技術來研究和分析文本、語言文化和其思想內容。這些工作通常包括了數位文獻編纂、數位文本分析等。當這些研究使用了文本複用、詞頻分析、主題模型、文檔聚類等分析技術，的確可以揭示不同文本在內容和風格上的異同。已經數位化的資料和文獻都已成為了「數據」。這類型的研究主要體現在文化研究和文學研究領域，在史學研究中則比較少。因為這種研究方法以文本為直接的分析對象，分析結果通常停留在文本和話語層面，它所能揭櫫的歷史，通常是文本的語言構造中折射出來的歷史現象，如思想觀念的變遷和轉折。譬如說在中

文世界的研究嘗試中像是金觀濤、劉青峰於一九九七至二
〇〇七年在香港中文大學建立了一八三〇至一九三〇年間包
含中國近現代報刊、雜誌、傳教士和西方著作中譯本及各種
文集，共 1.2 億字「中國近現代思想史專業數據庫（1830～
1930）」。這是利用數據庫方法進行語意分析的觀念史研
究，去分析如同「社會」、「共和」、「權利」、「個人」、
「經濟」、「科學」、「革命」等重大現代觀念形成及許多
重要術語的演變現象。具體成果體現在《觀念史研究：中國
現代重要政治術語的形成》一書。*

　　金觀濤很有企圖地想建立數位人文研究的理論基礎，在
方法上他仔細地告訴我們，是如何建立其語意分析的步驟。
概略言之：第一步是透過資料庫特定關鍵字檢索找到包含該
關鍵字的所有句子，這些句子形成一個龐大的語句庫，它們
是數位分析要處理的物件。第二步是確定該關鍵字在每個句
子和文本中的意義。關鍵字的「使用中的意義」可能和當時
的「詞典意義」相同，亦可以不同。當兩者不完全相同時，
就構成關鍵字新意義的萌芽。第三步是對新意義的各種成分
進行統計，去發現關鍵字意義結構的歷史變化。也就是勾畫

出每一個關鍵字的意義譜系。在這三個步驟中，每一步都離不開數位分析技術。第一步最簡單，只涉及資料庫建立和透過人機互動尋找關鍵字並用檢索建立句庫。第二步涉及的數位分析技術則相當複雜。當關鍵詞頻度超過數千次以上時，研究者用手工確立關鍵字使用意義的各種成分已經不太可能。這時需要用關鍵字叢或較高級程式來處理數以萬計的句子。第三步是利用數位技術的統計功能，它基本上和數位技術社會科學中的運用相同。[†]分析巨量資料的背後，需要龐大力量的數位技術支援。

如果說「史學即是史料學」，那麼數位時代下的歷史學認識論、方法論和本體論都會因為接觸史料方式的改變，而

---

[*]　相關的介紹見鄭文惠，〈從人文到數位人文：知識微縮革命與人文研究範式的轉向〉，《數位人文研究》第 15 卷第 4 期，2014，頁 169-175。金觀濤、劉青峰：《觀念史研究：中國現代重要政治術語的形成》，（香港：香港中文大學當代中國文化研究中心，2008）。

[†]　金觀濤，〈數字人文研究的理論基礎〉，收於項潔主編，《數位人文研究的新視野：基礎與想像》，（台北：台灣大學出版中心，2011），頁 45-84。

要出現全面地更新。是時候要和數位人文做區隔，從它的大帳篷下走出來，數位歷史學的概念於焉被提出。

一九九四年數位歷史學的先驅者羅伊‧羅森茨威格（Roy Rosenzweig, 1950~2007）曾經說過數位歷史學是一種研究和表現過去的方法，利用的新的通信技術，如電腦和網路。利用數位領域的基本特徵如資料庫、超文本視覺化和網路，來創造和分享歷史知識。承繼這樣的想法，到了二〇〇九年道格拉斯‧希菲爾德（Douglas Seefeldt）和威廉‧湯瑪斯（William G. Thomas）進一步對數位歷史學下了更完整的一個定義：

> 在一個層面上，數位歷史學是一個開放的學術生產和交流的舞臺，包括新課程材料的開發和學術資料的收集工作。在另一個層面上，數位歷史學是一種方法論，它以這些技術的超文本力量為框架，在人類過去的紀錄中製作、定義、查詢和注解其相關性。*

從上述湯瑪斯等人的定義可知，更側重在數位技術的力量。數位歷史學利用數位工具和資源來數位化、保存、分析、呈現和交互展示了歷史資料、相關文獻乃至於文化遺產。是具開放性與展示性的。從歷史研究方法的應用數位技術改進，例如數據分析方式有：設計文本標注算法、開發文本標注平台，我們可以據此對史料中的命名實體如人物、地名、時間、職官⋯⋯及其關係去進行標注，將非結構化的電子文獻轉化為半結構化的文檔（如 XML 或 JSON 文檔），或者進一步將已標注的數據提取出來，如前述金觀濤所操作的例子，以便於形成結構化數據後，再根據研究需要去對這些數據進行統計分析、空間分析或甚至於是社會網絡分析。這種類型的歷史研究和數據之間的開發密不可分，整個研究流程涉及到數據挖掘、編排、重組、分析等多個步驟，數位技術在每一步中都是關鍵。

＊　Douglas Seefeldt and William G. Thomas. 2009. 'What is digital history?', Perspectives on History: The newsmagazine of the American Historical Association 1 May. https://www.historians.org/ publica tions and directories/perspectives-on-history/may-2009/ what-is-digital-history.

　　定義中提到的「超文本」（Hypertext），是由網路先驅者泰德‧尼爾森（Ted Nelson）在一九六五年正式提出，其義是指用超鏈接的方法，將各種不同空間的文字信息組織在一起的網狀文本，通常以電子文檔的形式存在，可以顯示在電腦或其他電子設備上，其中的文字包含有可以鏈接到其他字段或者文檔的超鏈接，允許從當前閱讀位置直接切換到超鏈接所指向的文字、圖像和音檔。在數位時代數位文本是以各種型態分散存在的。

　　數位歷史學的定義還會有所轉變，現在主要表現在利用數位技術來研究、呈現和解釋歷史。除了研究資料庫的建立與新研究法的發展外，通常使用包括了數位化的歷史文獻、歷史地理資訊系統（GIS）、虛擬博物館……多元且具創意的歷史呈現方式，讓未來的歷史敘述也會邁向體感與互動參與的設計，加上各種外部研究經費的補助導向，數位歷史學好像正在邁向了榮景。

　　數位時代下的歷史學將會走向哪裡？在數位資料和工具的加持下，我們能寫得出超越像是陳寅恪那樣在抗日戰火下僅受限於手中僅有的《通典》為主要史料撰成的《隋唐淵源

制度略論稿》，這般充滿見識的著作嗎？

　　其次，作為歷史「介質」的史料，被放置在網際網路上，一個個被「壓縮」的墓誌銘、碑刻、圖像、檔案和奏摺、契書、族譜……。曾經存留在那個時代的歷史彷彿只能隔在屏幕之前閃爍，我們還能繼續跟前輩史家們一樣，觸摸實物，和過去的幽魂直接對話？

　　在數位時代，尤其是數位原生時代的史料又會以何種方式被閱讀和接受。大量的數據和史料可以輕易地創建、修改乃至於傳播。因此，確保這些數據跟史料的真實性和可靠性成為一個關鍵的問題。歷史研究者需要評估和驗證這些來源的可信度。數位時代使得各種不同的觀點和歷史敘述得以更廣泛的傳播。這樣可能會導致多種版本的歷史敘事，其中一些可能是相互矛盾的。因此將來的歷史研究需要更加關注多元的觀點和解釋外，如何進行考證，也成為問題。林富士曾提倡「數位考證」，他認為：所有的人文研究無論是傳統的亦或是數位的時代，都需要立足在資料之上。同樣的，這些資料也需要去進行考證。因為資料的形式和運用，以及檢證資料所會碰到的各種問題，乃至考證的方法和工具原則都是

變動不居的。網路上「不忠」的複本，偽造的事實在數位環境中會變得更廣，處理起來也會更形困難。

雖然說今天的歷史學家在自己於史料的關係方面能夠有相對自由的選擇，但他們依然依賴檔案與文獻的保存狀況，如同前面所言，歷史學家的全部方法、研究與成果都取決於他們能夠掌握的材料。不過，歷史資料庫的建立是一個經歷多次篩選的過程。這種篩選與選擇的過程，不僅限於如戰爭、天然災害等意外，也和政治的局勢發展有關。史料分類上的程序、材料的收集、背後資金的提供也在產生作用。材料的可接近性增添了各種問題。查閱敏感性的新近材料也會引發廣泛的爭論。如何處理檔案法規、政治問題和倫理自由之間的關係。亦或是史家仍能保持資料庫之外的史料敏銳度，亦是需要自覺的意識。

如果能夠使用這些資料庫那還好說，有時候甚至是沒有資格去使用這些資料庫。因為它是由個別的數位化資料公司所擁有，以學術的名義，從檔案館與圖書館取得了史料的原件，經過掃瞄、數位化後，再販售給特定購買的單位、大學和圖書館。以中文世界史料的數位化情況為例，一九九

八年在北京成立的「愛如生」數字化技術中心值得注意，原名是愛如生文化交流公司，中文典籍史料的大型資料庫建置工作，幾乎都有見其蹤影。公司早期是以論壇 P2P（peer to peer）對等技術，是類同去中心化、依靠使用者群（peers）彼此交換不同資訊的網際網路體系，在兩岸三地人文類的研究群體間風行，學生們和研究者透過掃瞄上傳自身所見及的各種資料，獲得虛擬貨幣後，再用以交換下載自己想要的資料。相類的論壇還有國學數典；如今這些論壇如國學數典已在二〇二三年年初停止服務，愛如生這間公司則已轉型成為漢籍電子文獻、各種報刊資料庫主要的提供者。資料庫的使用費用所費不貲，學校的經費又會限制購買的能力，而只有特定的研究單位、少數的研究型大學才有錢購買，通常只能夠限定的網域內使用。數位資源的傾斜，一如真實的世界。

　　數位歷史學還面臨一些困境和挑戰，包括了：一，數據質量和其真實性。數位歷史學依賴於數據的數位化跟儲存，但是數據的質量和真實性仍然是一個相當重要的問題。不正確的數據可能導致錯誤的歷史解釋。二、數位分析工具所具有的複雜性問題。在使用數位工具進行歷史研究時需要具備

相應的技術知識、資源，這對某些歷史學者來說，這可能是一個需要挑戰的障礙。因此，數位技術能力的不均等，可能會影響到研究上的平等性。三、數位鴻溝。在某些地區與社群之中，數位資源跟技術性的使用上是有受到限制的，可能導致數位歷史學發展上的偏重，也讓某些歷史議題得不到應有的關注。四、數據隱私以及倫理問題。數位歷史研究可能會牽涉到大量的個人數據和隱私問題，如何進行適當的數據處理？以及其所具有的倫理標準又會是什麼？尤其是在面對原生數位史料時思考這些會變得更為重要。五、數位支援的持久性。數位資源需要長期的保存和維護以確保他們在未來仍然可以使用。不過，這需要長期的資金和技術上的支持，否則這些資源可能會在時間當中消失。六、公共參與。儘管數位歷史學提供了更多的大眾互動機會，但如何吸引和保持公眾參與仍然是一個挑戰。數位計畫需要考慮如何使歷史變得更具吸引力，並增加大眾的參與度。*

數位歷史學面臨著多種技術、倫理和社會挑戰。但這也為歷史研究帶來了許多契機。我們將更深入、更廣泛地研究和呈現歷史。解決這些困境需要跨學科的合作和不斷的努

力。對了，忘了說，關於這段數位歷史學困境的論述，其實有參照 ChatGPT 所提供的觀點去改寫的。

　　數位歷史學是不是歷史學發展的「必向」之地？從「史學即是史料學」的層面來看，眼看是逃脫不了的。未來的歷史家不一定會拋棄掉窮經皓首精讀訓練的功夫，卻會有更多拉開閱讀距離，以不同的數位方法去剖析歷史文獻的研究者。林富士曾做大膽的預測，他說：未來的人文研究，探索現象之間的「關聯性」將會取代「因果關係」的分析。預測未來將重於了解過去。遠讀或鳥瞰資料將取代細讀。文字敘述的魅力將會逐漸消退，詮釋意義和解釋事實的工作會逐漸式微，取而代之的是以一目了然的視覺化呈現的數字、圖表與空間分布圖……這樣的世界，究竟是天堂還是地獄，他讓我們再想想。[†]

　　《何謂數位歷史學》是芬蘭圖爾庫（Turku）大學，漢儒・薩爾彌（Hannu Salmi, 1961~）教授所撰寫，該書是英

---

[*]　約翰・托什（John Tosh）著，劉江譯，《歷史學的使命》，（上海：上海人民，2021），頁 110-115。

[†]　林富士，〈數位考證：人文學者的新素養〉，《數位典藏與數位人文》第 5 期，2020.4，頁 14-15。

國政體（Polity）這家以社會人文學術出版為主的公司。這一本小書是 What is 歷史書系的選書，以介紹史學方法、史學史、城市史、性別史、全球史……一系列的概論書。《何謂數位歷史學》則是作為書系中的一本於二○二一年出版。

　　漢儒‧薩爾彌的研究興趣集中在數位歷史和數位人文、十九世紀音樂文化史、電影和媒體技術史以及情感和感官史。運用了文本重用概念分析一七七一～一九二○年芬蘭期刊的資訊流，或者是霍亂在十九世紀末芬蘭媒體的文本傳播情況……等，是一個實務與理論兼及的研究者。

　　如同美國喬治亞大學崔西‧班奈特（Tracy Barnett）教授所指出，這不是一本針對建立數位專案的「操作方法」手冊，而是一本「是什麼」的書，它巧妙而簡潔地將數位歷史定義為歷史分析的一個分支，是一個跨學科的事業，研究者必須踏入其中進行交流。過往對於數位歷史的批評者比比皆是，現在我們需要理解數位歷史學發展和限制，更細緻的對話與思考可能會更有助於當前和未來的實踐者。

　　《何謂數位歷史學》在許多地方的介紹相當深入淺出。薩爾彌分章闡述了我們的過去，正在被數位化之中，而原生

數位時代的歷史認識論又會是什麼？精讀與文本詮釋一直以來是歷史學作為一門學科的核心。鑑於大數據的出現，可用資料範圍日趨廣泛，光學字元辨識（OCR）技術的使用的日漸成熟，數位歷史學有了不同的閱讀法：遠讀。地圖和視覺資料，如何藉由機讀的輔助，遠觀鳥瞰出不一樣的維度，歷史學進行跨學科交流時要採取什麼態度？以及數位時代擴增實境（AR）和虛擬實境（VR）如何呈現過去……各種現象與問題本書都有很好的疏理。這本小書實現了一個重要的目的。《何謂數位歷史學？》對該領域進行了簡潔、清楚的介紹。其中有些觀點或許會激發熱烈的討論，並將鼓勵更多人踏入認識這個領域。

　　我和湯瑞弘教授都在歷史學本科開設史學導論相關的課程，對於數位歷史學的發展均感掛心；湯瑞弘教授介紹閱讀此書時，適逢當時新冠疫情尚未趨緩，各項學術活動都暫歇，稍得空閒，遂與湯教授商議共同翻譯此書。二〇二一年底，在家姐純美的幫忙引薦下，我們與貓頭鷹出版社取得聯繫，得到副總編輯張瑞芳小姐對於翻譯此書的支持，洽詢了繁體版權。（那時北京大學出版社則早先已購買了整套書

系的簡體版權。簡體譯本則在 2023 年 11 月出版）伴隨著疫情，翻譯此書時多半是用視訊軟體進行，在每周一個一個段落的討論斟酌文句，進程雖慢，感受不同學術領域的衝撞和閱讀對話的經驗，我們都覺得收穫不少。薩爾彌對 VR 應用在歷史學上，寫的有些點到為止，有鑑於此，湯教授特別撰寫〈數位轉向後歷史學的新形式及其反思〉一文，現收錄在本書譯稿後，以供讀者做閱讀本書後的衍生思考。該文指出：在數位技術和工具支持下，創新性的歷史寫作其形式、方法和內容已經出現不同於傳統文類（genres）的分類和敘述模式；運用數位技術能讓歷史知識與受眾進行更直接的互動，此時我們面對的「歷史距離」（historical distance）出現重大的轉變；例如虛擬實境對於過去進行沉浸式的「數位再現」（digital representation），會將歷史純粹地視為一種「體驗」，而當歷史學披上了數位的華裳，移情、情感共鳴和換位思考的互動性敘述，都將有著更多的可能性，值得期待。本書得以順利翻譯出版，要特別感謝張瑞芳小姐和編輯專業團隊的細心排版、校對，並指出一些翻譯上面不清楚的地方。亦感謝連芷妤、林郁婷小姐幫忙打字與校對。

何謂數位歷史學？

導論

　　數位已經浸透了我們的世界。查理・基爾（Charlie Gere）在他二〇〇二年出版的《數位文化》（*Digital Culture*）一書中寫道：「談到數位，就是以隱喻性的方式來稱呼整個虛擬世界、即時通訊、無處不在的媒體和全球連接，這些構成了我們當代的大部分經驗。」[1] 比起二〇〇二年，現今數位化已無所不在。當我們談到數位文化時，我們通常是指電腦、移動裝置、資訊流和那無可避免普遍存在的社交媒體。

　　在時態上，數位化傾向於強調現在式。比起以往任何時候，現在發生的事情都能更快地被傳播，我們似乎生活在一個延伸的現在（extended now）。然而，在過去的幾十年裡，數位在日常生活中的角色，也就是所謂的數位化（digitalization），也影響了我們對過去的感知，包括我們

探索歷史和交流研究成果的方式。本書的目的是討論這一新
興領域及其對歷史研究的影響。作為一個概念,「數位歷史
學」已經存在了幾十年。然而,在二〇一〇年,它已經成為
研究過去的一個獨立分支,與許多跨學科相連繫,並在這種
過程中被定位,又不斷的重新定位。在這些考量外,接下來
的章節中,本書從不同的國家和各大洲中選取了一些例子,
介紹了大量的數位檔案館和數位歷史學計畫。

在進一步討論「數位歷史學」的概念及其意義之前,有
必要對數位文化和電腦化的歷史進行概述。從詞源上來看,
「數位」一詞來自拉丁文「digitalis」,它來自「digitus」,
意思是手指或腳趾。[2] digitalis 意思是用手指完成的事情。
最終,這個字成為了「數位」含義的背景,是指一個通常
小於十的數字,因為它可以用手指去計算。第二次世界大
戰後,「數位」開始被用來指稱電腦,電腦本質上是以數
位形式處理資訊的計算機器。這在過去和現在都被稱為二
進位代碼。只涉及兩個數字:〇和一。資訊技術時代的詞
幹,digitalis 在許多語言中都有相類似的字。然而,也有一
些語言在提到數位時,與拉丁語毫無關聯。數位的法語單

詞是 numérique。在俄語中，數位歷史是 Цифровая история
（tsifrovaya istoriya）；Цифр（tsifr）是指「數」之意。
在中文裡，這個概念是數位史學（shuwei shixue）。數位
（shuwei）既指「數」（numbers）又指「位」（bit）。當
一起使用時，它們意味著「數位」（digit）。

　　「數位」的出現和擴展是歷史過程的一部分：也就是電
腦的發展歷史，它始於第二次世界大戰之後。如果說「數
位」最初指的是用手指計數，那麼它很快就開始用於更複雜
的計算過程。當手指、筆和紙不敷使用時，電腦成了進行計
算的機器。電腦的早期歷史的特點，是大學和公司用大型計
算機進行科學和保險計算並維護大型資料庫。[3] 社會上對這
種計算機的需求，原本的預估是相當有限的，但新的技術開
啟了新的思維方式。

　　IBM 公司董事長湯瑪斯・沃森（Thomas J. Watson）在
一九四三年的這句話概括了預測未來的困難：我認為電腦的
全球市場可能只有五台。[4] 沃森是否曾出此言仍存疑，但這
句話不僅被用來象徵電腦的快速變化，也象徵著有關資訊技
術的思維方式。[5] 在一九五○年代和六○年代中，許多與沃

森同時代的人都試圖估計在企業和國家機關計算過程所需的大型電腦的數量。通常得出的結論是，所需的電腦數量會很少。但很快地，這一切都將改變。

一九七〇年代，微晶片的引進使資訊技術得以小型化。[6]一九八〇年代，微型電腦在辦公室和家庭中無處不在，電腦成為日常生活的一部分。[7] Minitel 是法國的一個開創性先驅，致力於透過電話線為家庭提供線上服務。它於一九八二年推出，受到法國數百萬人的歡迎。[8]很快的，線上撥接便成為知識生產的支柱，因此也是數位歷史學取得突破的先決條件。一九八〇年代末至九〇年代初，冷戰的結束為全球經濟和跨區域資訊流動打開了大門。隨之而來的是通信技術的進步，包括衛星和廣播網路以及網際網路的發展。這些變化為一九九〇年代和二十一世紀初的許多數位計畫鋪平了道路：從歷史材料的數位化到提供策展服務，其中許多計畫仍在使用。這些將在第一章中詳細討論。

數位化的理念是一九九〇年代這些變革的核心。許多經濟學家認為通常被稱為「煙囪工業」的傳統工業已經走到了盡頭。未來既不是工業也不是後工業，而是以知識為基礎。

資訊將是一個社會的主要產品。這些都是美國柯林頓政府於一九九一年，在副總統高爾的領導下推動的國家資訊基礎設施等計畫背後的基本思想。[9]它推廣了高速資料傳輸過程作為資訊高速公路的理念。資訊將成為經濟引擎的希望迅速得到其他國家的採納和推廣。在歐洲，一九九四年的班格曼報告尤其如此，該報告提出了「基於私營和公共部門之間的夥伴關係的具體倡議行動計畫，以推動歐洲進入資訊社會」。[10]一九九〇年代，這種變化成為有地區差異的全球性現象。[11]

一九九〇年代初以後的特點是線上通訊的迅速擴展，特別是在採用全球資訊網（WWW）之後，它促進了透過圖形瀏覽器（如 Mosaic、Netscape 以及後來的 Explorer 和 Firefox）獲取資訊。圖形介面意味著需要更大的頻寬用於下載和上傳。一九八〇年代的電話數據機在一九九〇年代被高速網際網路連結所取代，接著在二〇〇〇年又被無線和移動寬頻以及光纖連接所取代。

隨著全球資訊網的出現，網際網路的瀏覽變得更加容易。圖形化的瀏覽器使得圖像和視覺化的東西可以在網際

網路上呈現，從而為供給歷史材料提供了新的途徑。歷史學家和其他人文學科的研究人員很快便強調，有必要使過去的東西可以在網路上查詢。回到「數位歷史學」這一概念的背景，以下以芬蘭和美國發展的兩個例子來說明。

　　一九九〇年代初在芬蘭，在網際網路所傳播的歷史被描述為 *sdhkoinen historia* 或 *elektroninen historia*。這兩個詞都是指電子（數位）歷史學，這絕非歷史實踐的主流。反之，它是一種新興趨勢，強調需要接受線上資源，能夠為歷史學家提供服務並使用虛擬平台來教學。在英語世界中，「數位歷史學」的概念也被愈來愈多地用於同樣的意義上。一九九六年，芬蘭開啟了 Agricola 網站，這是一個在國家記憶機構支援下，針對歷史學者和學生的策展服務。在美國，愛德華・艾爾思（Edward L. Ayers）和威廉・湯瑪斯（William G. Thomas）於一九九七年使用了「數位歷史學」這個術語，建議成立一個致力於新興領域的中心。第二年，它就被稱為維吉尼亞數位歷史學中心（VCDH）。在其最初的網頁上，它將其任務定義如下：

VCDH 的使命是為全球資訊網開發高品質的、經
過充分研究的、可靠的歷史資料，並將其提供給學
校、學院、圖書館、歷史學會和公眾。我們的目標
是以數位格式製作歷史，使其具有廣泛的可及性、
吸引力和實用性。[12]

VCDH成為最早探索資訊科技「超文本（Hyper textual）
力量」以及網際網路的到來對歷史實踐影響的中心之
一。[13]另一個具先鋒性的中心是羅伊・羅森茨威格（Roy
Rosenzweig）的歷史和新媒體中心（RRCHNM），該中心
成立於一九九四年，旨在支援數位歷史學家、教室和更廣泛
的公眾使用線上歷史內容。羅森茨威格提出了最著名的數位
歷史學定義。

〔它〕是一種研究和表現過去的方法，利用了新的
通信技術，如電腦和網路。它利用數位領域的基本
特徵，如資料庫、超文本視覺化和網路，來創造和
分享歷史知識。[14]

正如斯蒂芬·羅伯遜（Stephen Robertson）所指出的，RRCHNM 運用數位技術和媒體方面的使命：「使過去民主化──納入多重聲音，接觸不同的受眾，並鼓勵大眾參與展現和保存過去。」[15] 羅森茨威格的提倡影響了後來數位歷史學的定義。在二〇〇九年，道格拉斯·希菲爾德（Douglas Seefeldt）和威廉·湯瑪斯表示：

> 在某個層面上，數位歷史學是一個開放的學術生產和交流的舞臺，包括新課程材料的開發和學術資料的收集工作。在另一個層面上，數位歷史學是一種方法論，它以這些技術的超文本力量為框架，在人類過去的紀錄中製作、定義、查詢和注解其相關性。[16]

在美國，數位歷史學與大眾歷史學密切相關：努力利用新媒體技術與更多的受眾進行交流，並促進口述歷史和民俗學的研究。對照丹尼爾·科恩（Daniel J. Cohen）和羅伊·羅森茨威格二〇〇六年的書名，對於試圖擴大歷史實踐的研

究者和教育者來說，所有「收集、保存和展示過去」的努力
是種跨國現象。

在數位歷史學的定義中，也必須考慮其他發展。在二
〇〇〇年代，數位人文學科成為在人文學科中使用資訊技術
方法的綜合體。如果說一九九〇年代提出的「數位歷史學」
一詞，強調了該學科作為一個開放的探索和傳播平臺的性
質，那麼數位人文學的突破則將注意力轉移到早期人文研究
者的電腦計算方法上，如英文的「humanities computing」或
德語的「*historische Informationsverarbeitung*」。

在第二次世界大戰之後，開始出現在人文科學研究中
使用電腦的想法。義大利耶穌會士羅伯托·布薩（Roberto
Busa）發起了一個計畫，其目的是要為聖托馬斯·阿奎那的
著作創建一個可搜索的資料庫。他成功地說服了 IBM 支持
他的提議，該計畫始於一九四九年，一直持續到一九七〇年
代。[17]「人文電腦計算」的另一個早期例子，是一九六〇年
代和一九七〇年代的計量史學（Cliometrics）。該技術最初
是致力於透過使用計算工具和借用大量數據來讓經濟史現代
化。[18] 這兩個案例幾乎成了電腦輔助歷史學的先鋒的典範；

其多重根源往往被遺忘或被語言障礙所掩蓋。

　　早期數位歷史學中這些不同的發展路徑仍有待書寫。正如歷史學家帕特里‧帕尤（Petri Paju）＊所指出的，例如，一九六六年在瑞典，卡爾－哥蘭‧安德拉（Carl-Göran Andræ）撰寫了關於電腦對於歷史學家的益處。在芬蘭，維爾約‧拉西拉（Viljo Rasila）於一九六八年關於芬蘭內戰的專著中使用了基於電腦的因子分析資料。在愛沙尼亞，朱翰‧卡克（Juhan Kahk）和安‧塔維爾（Enn Tarvel）於一九七一年討論了電腦運用於歷史分析的可能性。[19] 這些例子表明，電腦早在一九六〇年代就被更廣泛地用於歷史研究；然而，這些努力只有少數得到國際關注。

　　在二〇〇〇年代，「人文學電腦化」開創性工作的持續是至關重要的，以數位格式提供的資訊量不斷擴大。研究者必須收集、組織和管理大量的數據；開發新的數據分析方法並得出結論；並透過使用數位工具和平臺來展示他們的成果。研究人員可以製作數據並保存這些語料庫，供未來的學

＊　譯按：芬蘭土庫大學教授。

者複製。他們還可以探索現有收藏和資訊的起源以及可以透過它們來了解資訊。

　　二〇〇〇年代數位人文學的突破也改變了數位歷史學的面貌。梅麗莎·特拉斯（M. Terras）將數位人文學描述為「處於數位技術和人文學科的交叉點」，旨在「生產和使用各種應用和模型，使人文學科和電腦科學（及其相關技術）中的新型教學和研究成為可能」。正如特拉斯所指出，在過去的十到十五年裡，這個跨學科的研究學群有了巨大的擴展。[20]

　　數位歷史學也處於學科的交叉點。在強調對過去的研究和對歷史問題的關注方面，數位歷史學比數位人文學更具有學科基礎，後者是一個更廣泛的研究環境和範式集群。數位歷史學則源於歷史學家努力不懈地與網際網路、數位工具和資訊技術接觸的成果。它也是數位人文學科中所發展出電腦運用方法的寶庫，可以應用於解決歷史問題並加以完善。今天，數位歷史學的定義可以重新表述如下：數位歷史學是一種考察和呈現過去的方法；它使用新的通訊技術和媒體應用，並嘗試用電腦方法來分析、生產和傳播歷史知識。

　　目前，數位歷史學是一個充滿活力的歷史領域，有大量的方法、計畫、出版物、服務和資料庫在實際運作。它還涉及了更廣泛、更普遍的問題，這些問題與任何研究領域都有關，包括研究的品質和批評性評估以及開放存取。本書中的五個章節聚焦於當今數位歷史學的五個領域的特點。第一章「數位化的過去：資料和問題」，重點是歷史學的數位化。要討論幾個數位化計畫及其結果，以及這些計畫如何影響了我們構想過去的方式。生而為數位歷史，指的是本體論問題，即我們自己的時代歷史主要存在於數位領域。第二章「數位歷史學中的閱讀和文本性」，涉及文本和文本性，這對歷史學家和歷史寫作一直相當重要。這一章強調閱讀的原因有二。一方面，精讀和解釋一直是歷史學作為一門學科的核心所在。另一方面，遠讀理念（distant reading）在二○○○年代開始影響數位人文科學，正是這種理念挑戰了閱讀的「緊密性」（closeness of reading）。第三章為「圖繪和觀看歷史」，與文本之間創造了一些距離，聚焦於數位歷史中的視覺效果。在一九九○年代，地圖和製圖在該領域具有開創性。利用地理空間數據和製圖應用的複雜技術證明了它

們的持續意義。本章還探討了數位歷史學家採用了愈來愈多整合視覺和視聽資料的方法。

正如這些章節所述，數位歷史學家與人文學中的數個研究學科合作。他們必須在文學研究、藝術史、媒體研究，特別是電腦科學和資訊技術等領域相互協調。因此，在第四章「科際整合：研究的挑戰」中探討了新出現的問題，並為準備共享和合作介面提供了建議。最後一章「在數位時代呈現過去」則回到了數位歷史學家長期的關注，即對探索使用數位工具在課堂上和在普通受眾面前呈現研究成果，及其運用歷史解釋的可能性。

第一章
數位化的過去：資料和問題

　　數位歷史學的前提，也就是它的出發點，乃是：可以藉由數位形式來獲得愈來愈多關於過去的資訊。當機器可讀格式的資料量增加，將可透過演算法工具來分析歷史問題，並以電腦輔助的方式呈現研究結果。對歷史學家來說，對大量資訊的興趣並不是什麼新鮮事。在諸如弗爾南・布勞岱爾（Fernand Braudel）的《地中海》（*Mediterranean*）或《文明和資本主義》（*Civilisation and Capitalism*）等經典作品中，作者旨在掌握大量的知識庫。[1] 同樣，歷史學家也利用從檔案、目錄和登記冊中所收集的統計資料，以手動或使用不同的技術工具（包括一九六〇年代以來的電腦）去組織這

些資料。在一九六〇年代和七〇年代，歷史學家認為電腦將成為必須處理大量資料的研究領域，如經濟、社會或人口歷史的協助工具。[2] 很顯然的，在利用電腦獲取新知識的可能性上，這些歷史研究領域是先驅，而且也將持續如此；當然，有所改變的是，今天有許多關於過去人類存在的事實與其他方面的數位材料，因此有許多可以用數位方法來探索過去的新途徑。

十九世紀，德國歷史學家朵伊森（J.G. Droysen）提出了一個著名的觀點：歷史存在於 Überreste，這個詞意指：存在於過去的遺跡和傳統，和隨著時間所流傳下來的知識。藉由來自於我們正在尋求理解的時代遺存物，使過去繼續存在於現在，[3] 同樣過去也藉由回憶和故事得以留存。根據他的觀點，這兩種知識論的路線交織於我們探索過去的努力中。遺存或遺跡仍然作為過去的物質物件而繼續存在於各行各業，在所有的歷史研究中都必須考慮到它們。然而，這些遺存物 Überreste 中，有一些在本質上就比其他的保存得更久，而有些物件似乎正在逐漸消失。過去的許多物件被製成經久耐用的物品，所以這樣的過去就不會被遺忘。我們可能

會認為，傳統也是如此，有些消失，有些留存下來。傳統如同一連串的故事和經驗，它們是來自於，並且關於已經消逝的世界，它連結過去和現在。但總有一些傳統早已被打斷或消失，我們永遠無法得知。與此同時，在過去和現在的連續性和不連續性之間存在著一種令人不安的二元性。因為我們生活在數位時代，愈來愈意識到歷史存在的脆弱性。我們今天製造的資料是透過無線連接和雲端服務正以不斷加速的速度傳輸，因此是非物質的，但它仍是 Überreste，也就是物質性的遺存。[4] 對應於過去的書信是在紙上的，今天則在收件匣和郵件夾中找到。在我寫這篇文章的時候，我承認我的電子郵件應用程式中有超過三萬四千筆資訊。我們在私人生活和職業生活中產生了愈來愈多的資料，並摧毀了我們存在的痕跡，而這些痕跡日後可能會是未來歷史學家的資料。

　　如果我們以數位的形式來看待過去，就必須在數位化資料和原生的數位資料之間做出基本的區分。原生的數位內容是直接以數位形式創建的，並且只作為○和一這樣的二進位資訊存在。這包括了如文字處理檔、數位照片、社交媒體訊息、聊天論壇貼文、地理位置資訊、電子郵件、視聽

產品（如電影、影像和音樂作品），以及自一九九〇年代以來大量出現的許多其他類型的人工製品。這些產品是數位化（digitalization）作為一種技術和社會現象的結果。數位技術逐漸取代類比技術。在音樂行業，從黑膠唱片到 CD 和 mp3 檔案，再到線上串流服務的轉變，已經改變了音樂作為文化創意的本質。視覺文化也是如此：一九八〇年代和九〇年代，數位相機的問世標誌著一種變化，真實的照片不再刻畫在底片上，而是儲存在相機內的記憶卡上。

數位化（Digitization）一詞也可以看作是正在數位化的一部分。它指的是一項正在進行中、將資訊從實體轉化為數位的計畫，從而產生可以用於分析和呈現過去的原始素材。這包括了掃描精裝書、手稿、地圖、報紙、照片或圖像、繪畫或繪圖。有趣的是，在原生數位資料的氾濫和大量生產的同時，伴隨著對其脆弱本質的擔憂，數位化卻被視為一種可以保持過去記憶和為未來保存類比物件的過程。這一過程為研究人員提供了運用新方法來研究人類的過去，以及在分析工作中結合數位化和原生數位資料的可能性。然而，從本章的角度來看，有必要指出的是，數位化比例隨資料的類型、

時間和地點的不同而有所不同。二〇〇七年，據估計，美國國家檔案和紀錄管理局擁有的文本紀錄有九十億件，其中每年可以掃描五十萬件。[5] 雖然數位化的速度非常快，但完成一次完整的掃描仍需要數千年的時間。作為一個整體項目，數位化仍將是未完成的，但資料數量的增長如此之快，仍為歷史探究提供了新的可能性。

文化遺產數位化

數位化內容的真正擴展，始於一九九〇年代和之後在全球啟動的眾多數位化計畫。在許多這些計畫中，主要的想法是使用新技術向更廣泛的觀眾傳播文化遺產。在網路取得突破之際，對於資訊流的新形式如何影響社群，有很多的討論和關注。文化遺產的數位化正是對這一關注的回答，其目的是要提高公開流通與取用的可能性，讓使用者熟悉其文化資本。正如梅麗莎・特拉斯所指出的，數位化技術一出現，資訊、文化和遺產部門就迅速接受了這些技術，主要是為了讓展覽中的藏品能夠透過電子格式而更易於存取。[6] 圖書館在

這些開創性計畫中尤其活躍,其他的文化記憶組織也逐漸參與其中,而公共和私人資金愈來愈多地投入類比材料的大規模數位化。自一九七〇年代以來,檔案館、圖書館和畫廊就對目錄和後設資料的數位化感興趣,將真實的文件轉換為位元流(bit flows)的想法逐漸得到重視。一九八四年,美國國家檔案紀錄管理局啟動了「光學數位圖像存儲系統」專案,產生了二十二萬份檔案的數位副本。事實證明,在搜索資訊與減少使用原始歷史紀錄這兩方面都相當有成效。從文化遺產可持續性的角度來看,後者是一個重要的面向。[7]

另一個具有開創性,也因此更有影響力的項目是美國國會圖書館(Library of Congress)於一九九〇年發起的美國記憶計畫(American Memory Project)。它最初的目標是將電影、影片、錄音、書籍和照片數位化。最初,這些文化產品原本計劃要透過雷射光碟和 CD-ROM 來流通,但隨後全球資訊網的技術突破,消除了這種傳播方式。永久保存的問題從一開始就是個重要議題:如何確保未來的世代能永久保存數位文化遺產?在這裡,數位化同時發揮兩種作用:一是

數位副本可以很容易地傳播，因此可以用來代替原始檔；二是數位副本的使用成了維護類比材料的後盾。此外，數位副本可以當作原作的備份，從而能夠支持文化遺產的持久性。數位副本也被認為是為這些資源尋找新用戶和消費者的重要媒介。家用電腦已經變得很普遍，資訊技術的馴化似乎還會繼續它的勝利之路。文化遺產現在可以流向那些從未去過檔案館、圖書館或博物館之人的手中。一九九二年和一九九三年，美國有四十四家教育機構和圖書館對「美國記憶計畫」進行了評估，並對其數位內容及其傳送方式提供反饋。在得到熱烈回應後，該計畫持續「透過網路免費和自由開放提供那些美國過去經歷的紀錄，如書面和口頭文字、錄音、靜態和動態圖像、印刷品、地圖和樂譜」。[8]一九九四年，國會圖書館發起了國家數位圖書館計畫，其目標是在二〇〇一年底前將九十多個館藏中的五百萬件品項數位化。[9]

　　在這些計畫進行的同時，西班牙檔案館（El Archivo General de Indias）繼續進行從一九八六年開始的數位化工作，以紀念發現美洲五百周年。這個計畫始於公共和私人資助，如西班牙文化部、IBM 西班牙分公司和拉蒙‧阿雷塞斯

（Ramón Areces）基金會。計畫首先仔細分析了數位化檔案的可能用途，以及這項工作所需的技術性。原始材料的歷史可以追溯到十五世紀到十九世紀，有很多材料面向的問題。有時墨跡會褪色；有時文件的頁碼幾乎是透明且難以閱讀的。在數位化之前，必須考慮所有這些材料的問題。未來使用數位化和數位化資源的技術條件會發生怎樣的變化，是非常難以預見的。例如，關於稿件的複製品質，選擇了十六位元灰階，100 dpi（點每英寸）[10]。顯然，因儲存空間的大小，處理器的容量和資訊連接的速度已成倍增加，今天的參數將會有所不同。截至一九九二年，該計畫已製作了九百萬張的數位化頁面，可以在檔案館的六十台工作站上下載。在那個時候，透過網路傳播內容的想法還沒有被考慮進去。然而，這種情況在二〇〇〇年發生了改變，當時西班牙文化部啟動了 Archivos Españoles en Red（線上西班牙檔案）計畫，目的是要讓包括西班牙檔案館在內的西班牙檔案能夠在網路上公開查閱。在經過幾十年的數位化工作後，二〇一七年時僅有百分之三十的館藏文件有敘述性資料，其中的百分之二十能夠以數位圖像呈現，大量類比的原件變得觸手可及[11]。

這一事實也揭示了原始材料數位化的局限性。數位化的資料庫成倍增長，看起來似乎很全面。儘管如此，世界各地的檔案館仍然保存著大量沒有轉換成數位形式的手稿和其他檔案，有的是因為缺乏資源，有的只是因為它們被認為太脆弱或不重要而無法數位化。

　　IBM 是印度檔案館數位化的積極參與者。顯然，它不僅希望成為一家科技跨國企業，也希望能成為文化遺產的維護者。事實上，現代化確實似乎也與歷史激情有關。從一九四〇年代末開始，IBM 就與羅伯托・布薩在聖托馬斯計畫當中合作。在一九九〇年代，該公司還參與了梵蒂岡圖書館的數位化計畫。一九九五年的協議公布後，梵蒂岡使徒圖書館的館長李奧那多・波義耳（Leonard Boyle）對《紐約時報》的編輯表示：「所有這些精彩的書籍只有在被閱讀的情況下才會有用處。」根據波義耳的說法，IBM 數位化圖書館將「把圖書館的手稿和文本以數位形式呈現，以此擴大圖書館的服務範圍」[12]。梵蒂岡圖書館也是第一批向網路使用者開放其目錄 OPAC 的圖書館之一。如今，梵蒂岡圖書館以 DigiVatLib 的名稱保存維護著其數位館藏，包括手稿和檔

案、圖形和印刷材料，以及硬幣和獎章。這些收藏包括七百六十一本古籍、一五〇一年以前印刷的書籍和一萬七千三百一十七份手稿。[13] 在過去的幾年裡，數位化計畫一直很活躍，並與牛津大學的博德利圖書館（Bodleian Libraries of the University of Oxford）聯合進行。他們的目標是將希臘文和希伯來文手稿，到早期印刷書籍的 150 萬頁原始資料數位化，並發布到網路上。[14] 今天，因為在新的技術下，不用打開書就可以進行掃描。使得掃描珍本書籍的可能性再次提升，尤其是當原件如此脆弱，打開它將造成相當大的損害時，此項發展相當具有意義。[15]

於二〇〇二年祕密啟動的谷歌圖書（Google Books）是最富雄心，也可能是最具爭議的數位化計畫之一。谷歌聯繫了幾所大學的圖書館，詢問是否有可能將他們的全部館藏數位化，以換取免費將全部數位藏書提供給圖書館。當時，這個計畫被稱為谷歌印刷圖書館計畫，並與加州大學、密西根、德州大學奧斯丁分校和維吉尼亞大學的圖書館達成了協定。[16] 二〇〇四年公布的最終目標是「將所有出版的圖書數位化，讓它們都可以被搜尋得到」[17]。二〇一〇年，谷歌估

計世界上有一億二千九百萬本書。截至二〇一〇年，已經掃描了一千二百萬冊，這還不到總數的百分之十。為了凸顯這些掃描圖書的全球影響力，谷歌指出，這些掃描的書籍分別以大約四百八十種語言編寫，包括三本克林貢語的書，克林貢語是一種源於《星際迷航》所發明的語言。[18] 據報導，二〇一五年已有二千五百萬冊書被轉換成數位形式，這意味著書面數位化文化遺產的數量在五年內翻了一倍。自計畫開始以來，掃描效率也有所提高。計畫在二〇〇二年開始時，將一本三百頁的書數位化需要四十分鐘。而二〇一五年時，一個掃描器操作員可以在一小時內將二十本這樣的書數位化，也就是六千頁。[19] 該計畫引起了許多法律問題和爭議。這個雄心勃勃的冒險從一開始就對版權所有者構成了威脅，必須在法庭上做出許多調整。今天，出版商可以成為該計畫的合作夥伴，谷歌圖書網站鼓勵顧客購買這些還有在販售的圖書。

谷歌圖書是一個全球性的計畫，它涉及的語言數量之多已經證明了這一點。相較谷歌圖書，還有許多更小規模的數位化書籍，和更早之前的數位化書籍，其數量之多，不可能

在這裡全部概述。「古騰堡計畫」成立於一九七一年，目前已收錄了近六萬本書，主要為公共版權。*重要的是，這些書不僅經過掃描，還經由光學識別，且所有的書都進行人工校對。最初的目標是提供不同格式的免費電子書，如TXT、HTML、EPUB 和 PDF：同時為研究人員提供了具經典性質的參考著作。[20] 古騰堡計畫啟發了一些追隨者，例如斯堪地那維亞的 Runeberg 計畫†，該計畫始於一九九二年，已經在網路上出版了關於北歐文化和歷史的公眾版權書籍。[21] 其他還有包括擁有一百五十萬冊圖書的環球數位圖書館（Universal digital Library）‡。該計畫由中國浙江大學和印度科學院領銜，合作夥伴為中國的七所大學和印度的八所大

---

* 譯按：公共版權（縮寫為 PD，Public Domain）一般用來指稱那些沒有著作權的著作。各國著作權法對於著作保護期間大多設有限制，只要過了著作權保護期間，著作就不受著作權法保護，而流入公眾領域。若是公眾領域裡的著作，任何人都可以自由使用。

† 譯按：runeberg.org 是一個志願性質的活動，旨在創建北歐經典文獻的免費電子版本，並將其公開。

‡ 譯按：UDL 該計畫的宗旨是為全人類保存著作。

學。[22] 它涵蓋了從十六世紀至今的文本，包括阿拉伯語、孟加拉語、漢語、英語、印地語、梵語和烏爾都語。[23]

　　許多其他數位化計畫也有跨越世界各大洲的目標。自一九七〇年代以來，聯合國教科文組織（UNESCO）一直有意識地致力於保護文化遺產，強調文化的廣泛定義。當時，數位技術顯然將為保護文化提供新的途徑。一九九二年，教科文組織發起了名為「世界記憶」的計畫，這成了一項包羅萬象的專案，整合了世界各地區和國家。它的出發點是關注於因戰爭、社會動盪、缺乏收藏資源而對文化遺產所產生的影響。聯合國教科文組織擁有一份世界記憶國際名錄，其中包括來自世界各大洲的收藏品，例如從安哥拉到馬達加斯加，從柬埔寨到瓦努阿圖。在一九九〇年代初編寫的最初指南中，曾強調要透過微縮拍攝來保存檔案遺產，但大家很快就意識到，數位技術將是保護文獻遺產的一種解決方案，教科文組織關於世界記憶計畫的願景是：「世界紀錄遺產屬於所有人，應該為所有人充分保存和保護，並在充分認識到文化習俗和實用性的情況下，應該讓所有人都能不受阻礙地永久獲得」。[24]

像「谷歌 Books」和「古騰堡計畫」這樣的數位化計畫都強調文本作品，但關注於視覺、音訊和視聽材料也同等重要。毫無疑問，在整個十九世紀和二十世紀，文本性已經主導了我們對過去的一般理解，以及對它的處理、探索和呈現的方式。然而，忽視在整個歷史中極其重要的視覺文化是有問題的。像美國記憶這樣的專案，在本質上是多模式的，並強調了各種文化、文物的重要性。歐洲數位圖書館（Europeana）也是如此。歐洲數位圖書館成立於二〇〇八年，提供了地圖和音樂、藝術品和照片、手稿和報紙。[25] 二〇一七年，歐洲共有五千三百萬件數位物品，有五個主題收藏，三十場展覽和數十家策展畫廊。[26] 今天有愈來愈多的視覺材料上傳到網路上。這是由畫廊、圖書館、私人基金會和許多其他組織所完成的。

數位化過去的疑義

許多早期的數位化計畫都是以公共和私人企業的夥伴關係為基礎的。IBM 並不是唯一一家急於推出和圖書館、檔案

館合作旗艦專案的大公司。如柯達和全錄等跨國公司也積極參與了這項開創性工作。[27] 在世紀之交後，隨著數位化計畫對研究的重要性變得愈來愈明顯，大家對於數位化市場的興趣也愈來愈大，從而加劇了市場內部的競爭。在過去的二十年裡，報紙已經有了數位化的形式。許多計畫都是作為公共事業啟動，國家圖書館旨在為研究人員和任何對歷史調查感興趣的人出版他們的收藏。巴西和墨西哥國家圖書館的藏書就是開放圖書館的例子。[28] 數位化的報紙本身就代表了一種大數據的類型，這種類型極大地改變了學者的研究工作，尤其是對十八、十九世紀的研究。

　　然而，從全球的角度來看，這種豐富的材料所反映過去的方式存在著許多疑義。首先，數位化計畫以不同的時間節奏進行，這意味著如果研究跨國問題，我們會看到研究的基礎非常不平衡。其次，這些典藏可能有不同的限制。有些收藏是在公私夥伴關係的支持下積累起來的，因此資源不一定是免費的；在所有的收藏中，都存在著版權問題，這些問題大大限制了其開放性。一般來說，十八世紀和十九世紀的書要比二十世紀好得多，這主要是由於版權上的問題。在全

球層面上，各大洲都有許多數位報紙檔案[29]，但也存在明顯的地理差異。其中一個問題是，一些地理區域被私人公司獨攬，這些公司向世界各地的大學提供大量的資料庫。例如，新聞數據庫資源（NewsBank）的子公司 Readex 擁有兩套不同的拉丁美洲報紙，其中包括來自智利、古巴、海地和巴拿馬等國家的報紙。它還擁有一個非洲報紙的資料庫，從阿爾及利亞到納米比亞，從奈及利亞到烏干達。這個領域的另一個參與者是蓋爾聖智學習公司（Gale Cencage）；它收藏了大量第一手資料，包括《泰晤士報》（*The Times*）、《金融時報》（*Financial Times*）和《倫敦新聞畫報》（*Illustrated London News*）的歷史檔案。在與大英圖書館的合作下，它也將其他英國報紙數位化。第三大提供方是 ProQuest＊，它擁有大量的歷史報紙，包括《華盛頓郵報》（*Washington Post*）和《紐約時報》（*New York Times*）。[30]

　　顯而易見，所有這些資源都是有價值的工具，但同時它們也需要付費。如果研究人員所在的大學無法獲得商業

＊　譯按：知名文獻數位化公司。

性資料庫的許可，那麼全球數位遺產的這一部分仍難以去探求。那些沒有瀏覽權限的人可以去查閱實體期刊收藏，或者用圖書證去最近的圖書館，但這也產生了研究上新的不平等形式。誰擁有足夠有利的環境來進行文本探勘（data mining）？這對今天數位歷史的研究至關重要。學術基礎設施在什麼樣程度上可用於研究？它們的成本是多少，最終是誰為這些資源買單？數位化提高了獲取過去存放在遠距圖書館和檔案館的資料的可能性，但與此同時，數位化過程產生了新的疑義，也改變了研究條件。

可以肯定的是，本章中提到的所有資料庫都是很好的資源，今天它們幾乎是不可或缺的，但它們也引領著研究進行的方式，更間接地引領著形塑出什麼樣的歷史問題，和建立什麼樣的研究背景。目前尚未清楚知道數位化如何影響對於過去的研究，以及它如何在更普遍的層次上，塑造了研究實踐以及歷史觀點和願景。例如，十九世紀和維多利亞時代的研究是當今研究的活躍領域，不僅在歷史學中是一門學科，在文學和文化研究中也是如此，這些與那個時代數位資源的擴張有關。因此，數位歷史學家應該一直意識到他／她的材

料所可能存在的局限性，並思考所選擇的材料將如何影響歷史被分析和呈現的方式。

原生數位時代

到目前為止，本章已經從數位化計畫的角度討論了過去的數位化，但我們當然也生活在原本就是數位化內容的時代。數位文化時代作為一個歷史時期愈來愈重要。在這個時期，大量的資源都是以數位格式生成的，這使得它不同於以往的時代。我們當中的一些人可能還記得第一批電腦，也就是一九六〇年代和七〇年代的大型電腦，當然還有一九八〇年代進入我們私人生活的桌上型電腦。我們傾向於將這些發展描述為「當代文化」，儘管它本身已經是一個具有歷史意義的時期，並具有特定的研究挑戰。在過去的幾十年裡，還沒有進行數位化，但公共論述、社群媒體、廣播和電視廣播以及私人通信，愈來愈多地在沒有任何類比參考的情況下出現，無論是以前的「原件」還是以實物形式存在的保存副本。數位時代的延續時間愈長，它在歷史學家工作中的重要

性就愈大。

　　尼爾斯・布呂格（Niels Brügger）和迪特・勞爾森（Ditte Laursen）最近指出，數位人文學科長期以來對原生的數位內容並不感興趣。研究重點「主要集中在一種特定類型的數位材料上：原初只能以非數位形式獲得的材料（手稿、書面文件、繪畫、書籍、報紙，以及少數情況下的廣播和電視），已經以各種方式**數位化**，從鍵盤輸入或轉移到穿孔卡片，到掃描或翻譯成數位紀錄。」[31] 終究，這種情況必須改變，因為數位技術在過去幾十年的歷史中占據了如此重要的地位。

　　對歷史家而言，讓我們考察原生數位時代，來作為研究對象的本體論和認識論的前提。我用「本體論」來指稱研究過去的實體、存在的形式、感知和觀念，無論是隱含的還是明顯的。例如，可以這樣說，在由網際網路連結在一起的全球社群和一九六〇年代和七〇年代的廣播和電視的世界之間存在著本體論上的差異；這種差異影響了歷史進程的本質，也影響了研究人員所採用的策略。我以「認識論」一詞來指涉這個事實，就像在任何學術事業中一樣，在歷史研究中關

注知識的本質和知識的條件是相當重要的。就原生數位文化而言，這包括了許多問題，例如，關於哪些形態的資料可以用於保存過去，以及這些資料應該或能夠如何詮釋。顯然，本體論和認識論的問題是聯繫在一起的，在研究中不能明確地分離，但也許這些面向可以說明構建原生數位歷史的概念及其特性。[32]

　　在先前的研究文獻中，對於數位文化出現的這個問題產生了很多爭論，這已觸及本體論的議題。在查理・基爾的《數位文化》一書中，回顧了十九世紀末二十世紀初的技術發展，從一八七〇年代查理斯・巴貝奇（Charles Babbage）的分析機到一九三〇年代康拉德・祖茲（Konrad Zuse）的電腦等發明。[33] 勞倫・拉比諾維茨（Lauren Rabinovitz）和亞伯拉罕・基爾（Abraham Geil），在他們的《記憶位元組：歷史、技術和數位文化》（*Memory Bytes: History, Technology, and Digital Culture*, 2004）一書中指出了定義數位文化的許多策略。用最簡單的術語定義來說，它是指「一個充滿透過電信和資訊網路、電子產品、基於二進位資料和計算系統使用電子或電磁信號的社會」，而在最廣泛的意義

上，數位文化成為「當代生活精神的比喻」。[34]數位文化作為一個術語，即使不是過去十年的標誌，至少是當代的標誌，通常被描述為「數位技術的顯著特徵：速度、可互換性、可變性等」。數位文化作為一個術語，已經被用來體現當代的現代世界的縮影。其中透過新設備所進行的交流以及強化已成為核心。同時，他們努力在研究中以歷史化的角度來看待數位化的過程；以及數位文化並不是改變歷史的決定性過程，而是長遠歷史發展的結果。

　　從原生數位文化的角度來看，這個問題看起來有些不同。原生數位（Born digital）指的是起源於數位形式的文化產品。這個概念是為了強調其與類比產品的不同，類比產品通常指的是一些人工製品，比如信號被保存，或刻製在特定材料平臺上的紀錄。在數位錄音中，產品以數位形式儲存。除此之外，「原生的數位文化」不僅與類比文化不同，也與那些源自類比，但後來被轉換成數位形式的物體有所不同。在這個意義上，原生數位「強調了數位的原生性」，「原生數位」代表了在新舊過渡時期尚未誕生的事物，而是被稱為新世界的原住民。因此，「原生數位」一詞具有本體論的含

義；它主張它屬於一個最近才出現的、不同的世界，並且已經留下了過去的痕跡。就如谷歌 N 元語法檢視器（Ngram Viewer）所顯示的，在谷歌圖書的英文資料庫中，原生數位一詞出現在九〇年代早期，特別是在二〇〇〇年代得到了特別廣泛的應用。[35]

　　德國媒體理論家齊格弗里德・傑林斯基（Siegfried Zielinski）是早期對數位文化具有遠見的人物之一，他早在一九八九年便出版了《影音：電影與電視作為插曲》（*Audiovisionen: Kino and Fernsehen als Zwischenspieleu*）一書，他在書中提到，從更長遠的影音歷史來看，電影和電視只會是一種間奏曲（entr 'actes）；在未來，主要的產品將以數位形式出現，可以將其轉移到電影膠卷或是磁帶上。[36] *有趣的是，這本書在十年後被翻譯成英語，書名是《影音：作為歷史間奏曲的電影與電視》（*Audiovisions: Cinema and Television as Entr'acts in History*），那時數位文化已經取得了突破，網際網路已經成為日常工具。[37]

---

* 譯按：例如五月天將歌曲重製成黑膠唱片。

如果從歷史媒體的角度來定義「原生的數位文化」，它似乎是一個由數位攝影和影像、虛擬實境和數位遊戲、可下載音樂和直播、社交媒體網站和部落格、電子郵件和許多其他形式的數位表達的時代。透過各種文化實踐，這些媒體產品已經交織在人類之間的互動和我們的生活方式中，以至於如果沒有這些資源，就難以研究二十一世紀的經濟、文化和政治。對於世紀之交及其之後感興趣的未來的歷史學家，將會面臨一個重大挑戰；即對於一九九〇年代和二〇〇〇年代的歷史研究必須基於數位資源，其中一些已經被保存和存檔，但許多已經被銷毀或刪除，或保存在難以閱讀的媒體上。當然，研究這個時代的歷史學家也必須將這個時代的一些本體論前提予以概念化，這可能使他或她重新考慮其方法論的工具箱，因為大量的數位資訊必須用計算工具來處理。

病毒式傳播（Virality）

我們可以透過病毒傳播的概念，來進一步闡述「原生數位」的本體論，自一九九〇年代以來，在公共論述和文化研

究中，病毒式傳播一直是個愈來愈受關注的問題。這個詞本身源於微生物學和醫學，是研究傳染性生物系統的學科。病毒在宿主細胞中複製，並透過逐漸傳播引起疾病。根據字典的定義，「viral」可以指這種微生物背景，指「由病毒引起的」或「與病毒或病毒有關的」[38]，但也可以從更廣泛的意義來理解。在公共論述中，「viral」指的是某物像病毒一樣，或者「像病毒一樣的傳播」。

　　「像病毒性質般的傳播」變成了「病毒式傳播」一詞，在二〇一五年收入《牛津英語詞典》（*Oxford Dictionary of English*）。[39] 二〇一二年，隱形的兒童組織（Invisible Children Inc）發布的科尼（Kony）2012 影片＊就是一個鮮明的例子，說明了病毒式傳播前所未有的效率。影像上傳後，一天之內的瀏覽量就高達三千四百萬。在六天內，觀看次數上升到了一億。[40] 增長速度是爆炸性的，但影像的記憶被證明是短暫的。八年後的今天，這段影片已經被觀看了一億零二百萬次，這意味著它在第一周就觸及了大多數的觀眾。[41]

　　病毒式傳播是二〇〇〇年代的一種現象，但這個概念是在網際網路突破性發展所引發的傳播混亂中所產生，並且深

深紮根於原生數位時代的本體論。病毒式傳播是由道格拉斯・馬克・洛西科夫（Douglas Rushkoff）[†]在他一九九四年出版的《媒體病毒》（*Media Virus!*）一書中首創。洛西科夫在書的開篇就描述了「普通的美國家庭」，他們「所擁有的媒體採集技術，比十年前最先進的新聞編輯室還要來得多」。其中有衛星天線、個人電腦、「把家庭連接到七十種或更多節目選擇的有線電視盒」，還有錄影機、影印機和傳真機。家庭已經儼然成了互動媒體中心。[42]根據洛西科夫的說法，通信技術的利用，幾乎使媒體流量產生了爆炸性增長。因此，洛西科夫斷言，媒體病毒不僅僅是一種隱喻意義上的病毒。媒體事件「不單單**像是**病毒。它們**就是**病毒。」[43]在洛西科夫看來，未來的媒體文化將由網路上的傳染行為所

---

* 譯按：此一記錄片，於二〇一二年三月五日發布在 YouTube 上。這部記錄片的目的是使國際刑事法院逃犯，烏干達反政府武裝頭目約瑟夫・科尼（Joseph Kony）被世人熟知，並力爭在二〇一二年十二月之前將他逮捕。

† 譯按：美國媒體理論家，紐約大學教授，是當前研究與評論虛擬文化（cyber culture）的重量級人物。

主導。

　尤西・帕里卡（Jussi Parikka）＊是對病毒式傳播進行歷史研究的先驅之一，他在二〇〇七年發表了《數位感染：電腦病毒的媒體考古學》（*Digital Contagions: A Media Archaeology of Computer Viruses*）。[44] 洛西克夫將病毒描述為特洛伊木馬：生物病毒利用其蛋白質殼（protein shell）「附著在健康細胞上，然後注入自己的基因編碼」。[45] 帕里卡分析了自一九九〇年代以來所構建出的資訊社會，將其作為數位感染及知識流通的平台。此研究特別強調特洛伊木馬、蠕蟲、病毒和惡意軟體藉由感染而傳播，所有的通訊網路必須自我調整以應對這些感染。[46]

　在洛西科夫之後，關於數位文化的病毒式傳播的觀點，已經超越了單純關注汙染電腦或劫持電腦的惡意軟體的範疇。在電腦網路中，所有形式的內容、電子郵件、圖像或影像，都可能呈現病毒的形式，具有傳染性並迅速傳播。例如，今日網路迷因[†]可以透過社交媒體成為一種全球現象。最終，不僅電腦和攜帶式移動裝置成為病毒帶原者，人類也成了帶原者，受其控制並進一步分享其內容。有一些演算法

可以加速這些感染，將其內容分享給最適合它們的接收者以及潛在的分享者，還有一些程式可以自動參與點擊連結所選擇的主題和項目，透過這些方式，增加它們的能見度和文化吸引力。這些文化病毒的感染並不是線性過程的一部分，而僅僅是一種意想不到的、古怪的、盤根錯節式的連鎖反應，在這種情況下，人類和非人類，物質和技術，糾纏形成一個不可分割的整體。

病毒式傳播和其明顯加快的節奏，是一九九〇年代以來資訊網路形成不可或缺的一部分。儘管病毒式傳播似乎是非人類的，或者至少是非個人的，但考慮到文本、圖像和其他內容迅速傳播的背景，關於個人作為參與者和文化創造者的角色，已經發生了激烈的辯論。二〇〇六年，亨利·詹金斯（Henry Jenkins）‡因其著作《文化匯集：新舊媒體

＊　譯按：為芬蘭的新媒體理論家，是丹麥奧爾胡斯大學的數字美學與文化教授。

†　譯按：Internet meme，又稱為網路哏，是指一夕間在網際網路上被大量宣傳及轉播，一舉成為備受注目的事物。

‡　譯按：美國媒體學者兼傳播，新聞與電影藝術專業教授。

衝撞之處》（*Convergence Culture: Where Old and New Media Collide*）及《粉絲、部落客和玩家：探索參與式文化》（*Fans, blogger and Gamers: Exploring Participatory Culture*）而聞名，書中強調了範式的轉變，將受眾理解為互動式的旁觀者。觀眾不再是被動的接受者，他們可以「對媒體內容進行存檔、注釋、挪用和再流通」。[47]許多形式的社群媒體、迷因文化的集體創造力，以及大家參與挪用文化符號和象徵，都是詹金斯所說的**參與式文化**（participatory culture）的一部分。可以說，這些行為皆是培養病毒式文化的溫床，也是病毒式文化本體論的基礎。參與式文化顯現出一種需要，不僅要自己製作媒體內容，還要分享其他使用者已經分享的內容，從而表達對他們的情感依戀。在市場行銷中，大家長久以來就在討論如何利用這一點來創建病毒式產品，或構建人與人之間的推薦網路，以幫助企業尋找潛在新客戶。[48]病毒式傳播是基於使用者和網路之間的能動性，網路不斷餵養新的內容，為使用者創造意想不到的主題和現象。

邁向原生數位的認識論

　　前面所討論原生數位的本體論。在過去的幾十年裡，數位顯然只是一個在複雜的技術累積和文化融合下的局部觀點。但未來的歷史學家必須要去探索和重新思考，才能夠理解二十世紀晚期和二十一世紀初的歷史。同樣要討論的是原生數位時代的認識論特徵，以及在現在和未來的條件下去討論過去。認識論作為一個哲學術語，與本體論一樣複雜。它泛指知識的理論，包含真理、信仰、命題證成等概念，也涉及了知識的來源、結構、範圍等問題。[49] 單單來源問題就與原生數位文化息息相關。原生數位時代是個技術快速變革的時期，數位平臺和儲存格式已經發生了變化。舊的 DOS 遊戲必須透過模擬器來探索，這些模擬器允許使用者去存取那些不能透過現在的作業系統來享受的軟體。在目前較大容量的硬碟和雲端服務出現之前，電腦使用者必須將檔案保存在磁碟片上，磁碟片有八英寸、五又四分之一英寸和三又二分之一英寸。最後，沒有任何磁碟機的新型電腦出現了。這些例子可以用網際網路的歷史來補充。今天，網際網路內容的

存檔已經成為國家圖書館和其他機構的任務，但有許多網路
服務從來沒有開放存取，假如它們被存檔，將會是為了未來
的商業使用，或出於使用者甚至還沒有完全意識到的目的。
在一九九○年代，網際網路的出現，其特色是在於媒體的自
發性，也就是生活在一個全球擬像（Simulacrum），＊而不
是對於資料的持久性或可持續性的擔憂。然而，也有一些成
功的檔案計畫，最著名的是「網際網路檔案館」在二○○一
年推出的時光倒轉機（Wayback Machine）†。其中最古老的
頁面可以追溯到一九九六年。如今，時光機內包含了三千七
百六十億份的存取頁面‡。[50]

　　資料的破壞已經發生，這個無可避免的事實將成為近幾
十年歷史學家的主要障礙。儘管有像時光倒轉機這樣的服
務，但顯然網路上的許多內容已經永遠消失了。對此我們沒
有理由苛責。任何歷史時期都是如此。讓我們想想古希臘文
學文化的斷簡殘篇。我們對希臘悲劇的理解只建立在最初作
品的一小部分上。埃斯庫羅斯（Aeschylus）的八十二部戲
劇中，只有七部流傳至今，其他作家的作品也是如此。[51] 有
些哲學流派全都沒有給後人留下任何資料，我們只能透過其

他途徑來間接地了解它們。由於新材料和新技術的不斷產生，存檔的問題尚未獲得完全的解決。

對歷史學家來說，另一個問題不是材料的缺乏，而是材料過於豐富。我們生活在一個資訊量巨大的世界裡，在某種程度上，資料似乎太多了。資訊超載的概念通常歸因於阿爾文・托夫勒（Alvin Toffler）※ 在一九七〇年寫的《未來的衝擊》（*Future Shock*）一書。托夫勒主張，變化的速度不斷

---

* 譯按：擬像論是由布希亞（Jean Baudrillard, 1929~2007）在一九八一年時所提出的論述，布希亞認為在我們的生活中，影像才是真實的存在，而實物卻不再是真實的存在，尤其在現今的消費為主的「超真實」時代中，每一件物品最重要的東西就是一件又一件的包裝，而這些包裝就是由我們人類所製造出來的「擬像」。

† 譯按：這是由美國加州的非營利組織「網際網路檔案館」所建立的，它允許使用者「回到過去」檢視過去的網站的樣子。其創始人布魯斯特・卡利（Brewster Kahle）和布魯斯・吉利亞特（Bruce Gilliat）共同開發了此工具，旨在透過儲存已失效網頁的存檔副本，以「普及所有知識」。例如可從此網站嘗試點擊無名小站的頁面。

‡ 編按：截自二〇二四年一月五日，此網站已經存取了八千三百九十億份存取頁面。

※ 譯按：阿爾文・托夫勒（1928～2016），著名美國未來學家。

加快，這讓大家難以「吸收、操縱、評估和保留資訊」。[52]
實際上，在一九七〇年以前，這個概念也曾以同樣的意義被
使用過，例如，麥克魯漢（Marshall McLuhan）在一九六六
年就曾使用過這個概念。[53] 如果在一九六〇年代末，在那個
電視和衛星網路不斷擴張的時代，資訊超載讓人感到壓抑和
難以承受，那麼在網際網路的時代，這種情況肯定會變得更
加嚴重。如今，數位材料的氾濫，不僅與數位媒體作為傳播
平臺的使用，或與文化產品的豐富性有關，還與在我們監控
各種過程的同時，數位資料庫仍不斷增長這一事實有關。這
些資料流包括網站日誌、活動追蹤器紀錄產生的個人健康資
訊、銀行和證券交易所資料，以及透過演算法生成的地理空
間資料等等。今天產生的資料可能比以往任何時候都多，這
些資料想必可以在未來用於分析和理解二十一世紀早期的生
活。然而，很難判斷這些資料在什麼程度上可用於研究的目
的，以及在未來幾年內它們將如何被使用。不可避免地，這
些資料集（Data sets）將需要計算分析，並必須利用數位人
文學科中所開發的工具。對大量資料的評估將是未來歷史學
家面臨的主要挑戰，但它將有助於理解二〇〇〇年代初的複

雜機制。為了能夠接受這一挑戰，至少對於當代歷史學家來說，似乎有必要以跨學科的方式，透過線上媒體、數位文化和技術研究的最新發現，來擴大歷史學家的工具箱。與此同時，從磁帶和光碟機到最近的雲端服務，重要的是要在這段時間內去評估不同數位平臺和保存格式的媒體考古工作的需求。[54]

在對原生數位時代的研究中，認識論和本體論方面似乎交織在一起。知識的條件與數位文化的結構和過程，以及與數位文化其眾多實例相互糾結。在《存檔的網路：在數位時代研究歷史》（*The Archived Web: Doing History in the Digital Age*, 2018）一書中，尼爾斯・布呂格有意思地指出：當原生數位內容被存檔時，本體論的轉變似乎發生了。原生數位媒體的存檔形式不同於它的原始性質。布呂格認為，除了「數位」和「原生數位」的概念外，還需要去解讀第三類，即所謂的「再生數位」；它意指原生數位「在這個過程中被收集和保存，並在此過程中被改變」。[55]布呂格自己分析了網路歷史，並特別關注存檔網路這個歷史學家的啟發式問題。

確實如此，因為當原生數位內容被儲存時，會產生一個

新的數位層，資料會為了存檔的目的而重新組織，使用者介面強烈地影響了歷史學家與「數位存檔」互動的方式。這方面值得強調，因為數位內容的數量已經呈指數級增長。這也給數位內容的未來存檔或資料庫帶來了新的期望。這個檔案應該能夠保存當今的社群媒體辯論、線上出版物、圖像收集、手機遊戲和軟體、使用者生成的資料集以及其他眾多當代數位遺跡，供後代探索。在這項工作中，公開闡明再生數位資料的原則至關重要，以便研究人員能夠批判性地評估數位的這一維度如何影響資料，最終能夠告訴我們過去發生了什麼。

第二章

數位歷史學中的
閱讀與文本性

　　法蘭西斯・培根（Francis Bacon）在十六世紀晚期出版
的經典論文〈論研究〉（Of Studies）中寫道：「有些書可
以淺嘗即止，有些書可以狼吞虎嚥，而少數書則需要反覆咀
嚼，深思細想。」他接著說：「少數書只能讀部分；有些書
可以閱讀，但不要好奇；少數的書要全部閱讀，要用心、勤
奮地讀。」[1] 培根的名言清晰地描繪了閱讀的不同節奏和功
能的多重體驗，以及最終閱讀總是與閱讀的內容和我們遇到
的文本相關。對於數位歷史學家來說，至關重要的是文本和
文本性的作用，以及不同的閱讀實踐。本章將首先討論閱讀

作為一種研究實踐，這對於歷史學家了解過去的努力來說，
閱讀從以前到現在一直都是至關重要的。

閱讀常常是有趣的，有時則是痛苦和費力的，但它也是
我們主要理解世界和消化資訊的方式。歷史研究常被視為書
籍的領域，歷史學家必須同時進行兩種對話；他們必須從過
去的資料中獲取知識，並與過去和現在的歷史學家對話。閱
讀是一種研究實踐。同樣的情況也適用於數位歷史學家，他
們在研究數百年來的閱讀傳統之際，同時採用新的方式來解
釋資料。諸如佛朗哥・莫雷蒂（Franco Moretti）等文學學者
所提倡的「遠讀」（distant reading），挑戰了閱讀的問題。
本章最後將討論以文本作為大數據，可以成為不同遠讀技術
的來源。

閱讀作為一種研究方法

詹姆斯・雷文（James Raven）在對於閱讀歷史的分析
中，將閱讀描述為一個「臭名昭著的問題」，因為閱讀的行
為似乎回避了紀錄；「很少有人會寫下他們所做的事情」[2]。

有些人可能會在頁邊的空白處寫下評論，或在筆記本上批注；其他人可能會寫閱讀日記。但是，實際的過程仍然是個謎。當一個歷史學家閱讀時會發生什麼呢？安東尼‧布倫戴奇（Anthony Brundage）在他的《走向資料：歷史研究和寫作指南》（*Going to the Sources: A Guide to Historical Research and Writing*）一書中，試圖讓這個過程變得可見，並強調需要去通讀一個人的研究歷程，不是暫時擱置，而是從一開始就參與其中。[3] 還有許多種閱讀習慣或閱讀紀錄需要調閱。一方面，學者必須是個有效率的讀者，能夠保留和處理大量的資訊，但也必須是個具批判性的讀者，能夠過濾掉誤導或無關的資訊。此外，一個學者必須追蹤和核實許多細節，如原始資料作者的基本背景資訊，並比較以前的歷史作品，以及了解最新的研究狀況。

閱讀是一種透過「閱讀書面或印刷材料」獲取資訊的方法[4]，但它有更廣泛的影響，因為它涉及詮釋性的工作：努力識別相似性與差異性，連續性和不連續性，嘗試可能的解釋，並最終得出結論。德國閱讀歷史學家羅爾夫‧恩格爾辛（Rolf Engelsing）在文本閱讀中看到了概念上的區別，他指

出：當需要對材料進行更廣泛的概述時，需要進行延伸性閱讀（extensive reading），有時需要深入研究細節時，需要進行精讀（intensive reading）。[5] 在後一種情況下，只閱讀文本一次是不夠的；必須得要一遍又一遍地閱讀相同的文本，以理解其潛在的含義和重要的結構。閱讀絕不僅僅是解碼文本符號的問題。尤有甚者，它還涉及一個人對於之前曾閱讀內容的記憶，無論是在相同的文本還是在之前讀過的文本中。除了過去的經驗，閱讀也包含了對未來的預期，因為閱讀的此刻，正持續不斷地提出關於文本未來發展可能路徑的假設。

　　自一九九〇年代以來，歷史學家經常使用「精讀」（close reading）來描述他們的閱讀方法。[6] 通常情況下，「精讀」指的是細心仔細地閱讀，歷史學家在精讀的同時，從字裡行間理解細節，從而發現更大的脈絡。一九八〇年代，特別是九〇年代所謂的新文化史興起後，精讀的概念在歷史研究中變得相當普遍。[7]「精讀」借用了文學研究中的一些概念，但其含義卻有所不同。尤其為二戰後所謂新批評主義者（New Criticism）所提倡。[8] 新批評家希望能夠脫離

文化的、歷史的，特別是傳記的語境化，而把文學作品解釋
為獨立的美學對象。精讀背後的想法是，在自主的藝術作品
中專注於其形式、文學手段和內部結構。[9]可以說，自一九
九〇年代以來，至少在歷史學家的論述中，精讀強調了對來
源的形式和表現的仔細探尋，但與新批評主義不同的是，精
讀旨在從更廣泛的文化和歷史變化框架中來解釋這些結構性
層面的問題。

　　精讀的概念與文本如何產生意義的問題有關。可以肯
定的是，對文本意義的探討有其諸多背景，尤其受到了符
號學的啟發，而它在一九六〇、七〇年代對符號學以及能指
（signs）、所指（signifiers）的探討特別有關。作為一種表
達方式，精讀通常被用來描述關於文本的學術研究，但在文
化符號學理解中，閱讀具有與書面或印刷文本自身的不同意
義。符號學轉向以更普遍的方式來強調語言。我們有自然語
言，比如印地語、韓語和葡萄牙語，但符號學家也把其他象
徵交流的方式解釋為「語言」。例如，他們認為圖像也可以
視為具有特定語言的文本。十六世紀的繪畫是以他們自己的
視覺主題、人物、裝飾物等等為基礎。反過來，音樂語言可

以由旋律、和絃及節奏單位所組成。[10] 從閱讀的角度來看，總的觀點是：我們不僅可以**閱讀**書面或印刷文本，也可以閱讀多種文化產品；閱讀是指對符號和象徵的解釋和解碼。讀者只要像了解這本書的自然語言，特別是它的詞彙和語法那樣，去了解不同傳遞的語言變體就行了。

用機器閱讀

在現今快速變化的媒體世界中，「閱讀」這個詞實際上愈來愈多是用於技術設備上，而不是人。例如，掃描器中使用光學閱讀器來捕捉視覺資訊，並將其轉換成其他格式，以便在電腦上進一步詳讀。書籍封底上的條碼包含有關產品的資訊，可以透過光學方式來讀取，從而將這些資訊導入到另一個系統，以便在書店的發票上使用。這裡的「讀取」所指涉的，既是數據的解碼，也是數據的轉換。前一章討論中，許多數位化計畫都利用了光學閱讀的觀念。光學字元辨識（OCR）是一種將圖像轉換為文本的技術，它已經產生了大量的數位語料庫。其識別是基於字元的視覺特徵，其基本

要素是它產生的文本是機器可讀的，可以用電腦加以分析，這在類比形式中是不可能的。實際上，OCR 的歷史背景與更傳統的閱讀，或尋找新的閱讀途徑之必要條件有關。早在二十世紀初期，就已經出現了一種技術需求，也就是能夠將印刷文本轉換成一種不需要透過人類眼睛的形式。一九一三年，艾德蒙・愛德華・福涅爾・達爾貝（Edmund Edward Fournier d'Albe）發展了一種光學電話（optophone），能夠掃描文本並將字元轉換成音調，使盲人能夠聽到字母，從而在看不到任何字元的情況下閱讀。[11] 在隨後的幾十年裡，發展了許多技術來提高字元的自動識別能力。[12]

　　數位人文學科的前提是：資料是機器可讀的，這意味著資訊不僅可以由研究人員閱讀，也可以由電腦或軟體來閱讀。光學閱讀器只是實現機器可讀性過程中的一種設備。如果我們把「閱讀」定義為消化和組織所謂的資訊，那麼，機器當然也能閱讀。如果我們進一步認為閱讀也是一種解釋，那麼很明顯，我們可以教機器分析並解釋它們所獲取的數據。然而，使問題進一步複雜化的是：在目前的情況下，我們本身不僅是讀者，並且我們也是以創新和富有想像力的方

式中被閱讀的對象。用演算法來解讀我們的言行，是一個迫切需要解決的問題。這也意味著，閱讀的文化歷史背景在過去幾十年裡發生了深刻的變化。

遠讀

本書的主題數位歷史，是基於當前的文化條件，我們擁有機器可讀的大數據，包含了被數位化的和原生的數位資訊，讓我們可以發展出新的歷史研究方法，毫無疑問地也可以發展出新的研究環境和歷史研究的課題。如果可用於研究的原始材料的性質、品質和範圍都發生了變化，那麼研究工具自然也必須隨之改變。在這種情況下，幾十年來由歷史學家和其他人文學科研究人員廣泛培育的精讀觀念，在二十一世紀初受到了遠讀觀念的挑戰。「遠讀」一詞之所以流行起來，是因其對於精讀的爭議性評論。這個詞是由文學學者莫雷蒂在二〇〇〇年發表在《新左翼評論》（*New Left Review*）上的文章〈世界文學的猜想〉（Conjectures on world literature）中所提出的。莫雷蒂認為，遠讀讓我們能

夠專注於比文本更小或更大的單位：設備、主題、比喻或文體和系統。[13] 與其精讀，讀者必須保持一定的距離，以便能夠看到較大的特徵，否則這些特徵就不會被注意到。也可以看見那些較小的、微妙的元素，它們只有在積累時才會加重分量。在莫雷蒂於二〇〇五年出版的《圖表、地圖、樹木：文學史的抽象模型》（*Graphs, Maps, Trees: Abstract Models for a Literary History*）一書中寫道，這種距離「不是障礙，而是一種特定的知識形式：元素更少，因此更能清晰地察覺到它們的整體聯繫，形狀、關聯、結構、形式乃至於範型」。[14]

　　他發表於《新左翼評論》的原創性論點，挑釁地將「精讀」與「遠讀」放在對立面。他甚至認為，距離是「知識的一種情境」。[15] 這一結論有很多理由，稍後將在本章中進行討論；這些不必然與數位歷史學家相關，因為，在我看來，數位歷史學中的「精讀」和「遠讀」的概念與莫雷蒂的觀點不同。已有許多著作試圖去解決這種二分法，並且超越這種二元對立的模式。[16]

　　如今，遠讀的概念經常被用於數位人文學科的研究，假

如材料包含大量文本，那麼它也與數位歷史學相關。它也意味著在文化研究中，過去的取徑著重在解釋方法上，而遠讀被視為一種統計分析和定量方法的回歸。遠讀經常被簡單地描述為分析「成千上百本書」，甚至是一種「比精讀更客觀」的方式。[17] 然而，在詮釋莫雷蒂的方法論之際，有幾個方面是必須考慮的。首先，他的方法源於文學研究，而在文學研究中一直有很多關於不同閱讀方法的討論。如前所述，作為一種實踐，精讀最初是針對文學作品的傳記解釋而提出的，指出分析文本的內部結構和深入詞語和語法水準的重要性。在文學研究中，也強調了許多其他的閱讀流行語。在精神分析和馬克思主義的推動下，提出了「症狀式閱讀」（symptomatic reading）的概念，它的假設是文本的真正意義在於它所沒有說出來的，意味著讀者必須努力超越文本的表面，找到隱藏的意義。與此相反，表面閱讀（surface reading）的引入，則是為了認真對待文本的表面價值，並分析被症狀性閱讀所掩蓋的文學表面的複雜性。[18]

當然，莫雷蒂強調要透過數位方法來研究大量的文本。但將其思想應用於歷史研究時，我們必須意識到一個事實：

至少在《新左翼評論》的第一次反覆論述中，他的遠讀形式
是針對文學經典的。他的出發點是對世界文學的傳統理解方
式提出挑戰。莫雷蒂寫道：

> 研究世界文學意味著什麼呢？我們該怎麼做？我研
> 究一七九〇年至一九三〇年間的西歐敘事，現在已
> 經感覺自己像個身在英法之外的江湖騙子。世界文
> 學？
> 當然，很多人讀的書比我多，讀得也比我好，但
> 是，我們在這裡談論的是數百種語言和文學。閱讀
> 「更多」似乎難以解決問題。尤其是我們剛剛開始
> 重新發現瑪格麗特・科恩（Margaret Cohen）所說
> 的「龐大的未讀」（great unread）。「我從事西歐
> 敘事等方面的工作……？」不完全是，我研究的是
> 它的規範部分，它甚至不到已發表文獻的百分之
> 一。再說一次，有些人讀得更多，但關鍵是十九世
> 紀的英國小說至少有三萬本，乃至四、五萬，六萬
> 本沒人真正知道，沒人讀過，也不會讀。[19]

　　很明顯，莫雷蒂的靈感來自瑪格麗特・科恩在一九九九年的《小說的情感教育》（*The Sentimental Education of the Novel*）一書中提出的「龐大的未讀」的想法。科恩所用的這個詞，指的是大量已經無法獲取或完全被遺忘的文本。[20]這給研究帶來了挑戰。我們怎麼知道這些被遺忘的書到底寫了些什麼呢？他們討論了什麼？為什麼它們在當時那麼受歡迎？一名研究人員只能研究大量「未讀書籍」中的一小部分。事實上，這一觀察已經成為試圖尋找研究文學新方法的論據。

　　莫雷蒂的目的是提倡以歌德和馬克思的精神，但採用現代方法的世界文學（Weltliteratur）的思想。正如他所指出的，精讀「必然依賴一個非常小的標準」[21]，因為它不可能像理解世界文學所需要的那樣，去仔細分析那麼多文本。因此需要新的方法，研究人員應該學會如何不閱讀（learn how *not* to read）。此外，莫雷蒂尖銳地指出：「美國是一個精讀的國度，所以我不認為這個觀點會特別受到歡迎」。[22]

　　莫雷蒂的激烈言論顯然是針對那些分析單一作者或作品，從而強化現存經典的文學學者。主張精讀經典的研究者

在選擇上不是公正的，但他們參與了文學觀點的建構。當把
莫雷蒂的思想應用到其他人文領域的遠讀之際，注意到這一
點是相當重要的。此外，我們不應該理所當然地認為，莫雷
蒂對文學研究的表述，是公正地對待他自己領域中各種不同
的方法和趨勢。無論如何，在歷史研究中，研究者與文本和
文本性的關係，顯然不同於莫雷蒂的意象（image），因為
歷史學家往往傾向於盡其所能地把更多的材料納入他們的研
究，而不是只專注於少數文本。

　　值得注意的是，莫雷蒂也提到了歷史學家。他引用了馬
克・布洛赫（Marc Bloch）的口號「多年的分析換來一天的
綜合」[23]。並參照弗爾南・布勞岱爾和伊曼紐爾・沃勒斯坦
（Immanuel Wallerstein）的總體方法。最後，他指出沃勒斯
坦的作品是非常縮合的。沃勒斯坦把他的「多年分析」濃縮
成「三分之一頁」的內容[24]。這揭示了莫雷蒂的目標：他提
倡努力尋找從大量資料中創建出抽象的新方法。對他來說，
視覺化是一種綜合那些透過計算方法得到觀察結果的手段。
這是他在《圖表、地圖、樹狀圖：文學史的抽象模型》一書
中進一步發展的內容。[25]

　　遠讀強調了距離的概念：研究人員不應該太接近文本：「愈是雄心勃勃的計畫，距離必須要愈大。」[26] 在歷史研究的脈絡下，這種觀點當然值得商榷。必須利用現在可供研究的大數據，和探索從遠處來觀察這種材料的嶄新方法。但與此同時，同樣重要的是從遠處回到近處來觀察個別的文本，並思考大格局如何改變我們對於細節的看法。自莫雷蒂以來，許多學者一直強調遠觀和近窺之間的連續動態關係。[27] 斯考特・溫加特（Scott Weingart）指出，「當你把鏡頭拉得足夠遠時，一切看起來都是一樣的」，並藉此提出了視點距離之道德層面的看法。因此，人文學科的研究者有必要「把我們的近窺的視角帶到遠觀的視角」[28]。菲德列克・克雷佛特（Frédéric Clavert）轉而建議歷史學家應該「能夠進行雙重閱讀」，在檔案中工作，並透過人工來閱讀與近窺資料；然而，與此同時，他們應該能夠從遠處觀察一切。[29] 有時，遠觀的閱讀是必要的；它可以給精讀帶來新的洞察，反之亦然。提姆・希區考克（Tim Hitchcock）是數位歷史學的先驅之一，也是倫敦中央刑事法院的資料庫 Old Bailey Online（1674 ～ 1913 年）的開發者，他凸顯了能夠在宏觀和微觀層

面之間縮放的重要性，並強調「電腦輔助精讀」的潛力。[30]

在遠讀中，「遠」這個詞有兩個含義：一方面是努力試圖避免深入研究細節，與文本表面保持遠離；另一方面同時也暗示研究資料是如此龐大，以至於無法在近處查看，僅能從遠處觀看。大數據需要一種遠觀的方法，因為不可能進行精讀，讓我們回想一下那些數以億計已經數位化的書籍。人類不可能將它們全部讀完，而且如果只有精讀才被認為與學術相關的話，它們可能仍然是「龐大的未讀作品」。在這種情況下，有必要使用機器代替人類來閱讀。如果大數據是機器可讀的格式，它可以透過計算方法來進行組織。但這真的是閱讀嗎？如果我們把閱讀定義為需要一種人類意識，這種意識能夠不斷地將所讀的內容與之前所採用的內容相互比較，並推測所讀內容在未來會如何發展？那麼，這或許是機器無法做到的。但可以肯定的是：人工智慧可以日漸增強，每一個新識別的字元、單詞和句子都可以與文本中先前的表達內容進行比較，不僅是在一個文本中，而且是在成千上萬個更早的文本的上下文中相互比較。

大數據的挑戰

對於數位歷史學家來說，遠讀成為一個問題，尤其是在評估大數據資料庫（通常是文字語料庫）時。閱讀和解釋少量文本，甚至是單一文本是很重要的，但仍有必要對大數據進行更廣泛的討論。數位歷史學的發展離不開大量的資訊。隨著電子媒體和電腦化的發展，大數據的論述始於一九六〇和一九七〇年代。《牛津英語詞典》將這個概念定義為「非常龐大的資料規模，其操作和管理通常為計算、後勤支援等帶來重大的挑戰，（也）涉及此類數據的計算分支。」[31] 有趣的是，《牛津英語詞典》引用了一位歷史學家對於大數據的早期論點，該論點揭示了一九八〇年左右對電腦輔助歷史的懷疑。[32] 這個評論出自於美國著名的政治學家兼歷史學家查理斯·蒂利（Charles Tilly）在一九八〇年十月在密西根大學發表的一篇文章〈舊的新社會史和新的舊社會史〉（The old new social history and the new old social history）。這表明了歷史學家一直對大量積累的資料感興趣。在他的論文中，蒂利詳細引用了他的英國同事勞倫斯·史東

（Lawrence Stone）對於計量史學的批評，特別關注了羅伯特・福格爾（Robert Fogel）和斯坦利・恩格爾曼（Stanley Engerman）曾使用電腦來進行社會史分析。[33] 根據史東的說法，計量史學家的專長是由助手團隊收集大量資料，使用電腦來處理所有資料，並運用高度複雜的數學程式所獲得的結果。[34] 然而，蒂利也同意這其中有一些嚴重的問題，他認為「編碼丟失了關鍵的細節」，「對於這些他們本來想要說服的歷史學家來說，這些計量史家所得出的數學結果是無法理解的。」此外，儲存在電腦磁碟片上的證據，阻礙了其他歷史學家對於結論的驗證。[35] 蒂利接著說：「使用大數據的人士並無法解決重要的大問題。」他以史東的話來作為總結，「方法論的精細程度往往超過資料的可靠性，而結果的有效性在某種程度上，似乎與在方法論的數學複雜程度和資料收集的規模成反比。」[36]

　　《牛津英語詞典》中的這段引用，描述了一九七〇年代末和八〇年代初大家對於大數據的矛盾看法。重要的是，要記得在那個時候，除了福格爾和恩格爾曼的工作外，還有其他電腦輔助的研究計畫；以英國為例，有愛德華・拉

格利（Edward A. Wrigley）和羅傑‧史考菲爾德（Roger Schofield）對於十六至十九世紀英國人口歷史的研究，[37] 以及朱翰‧卡克在愛沙尼亞對於農村人口的數項研究。[38] 由電腦來輔助的歷史研究，被特別描述為社會歷史學家的一項工作。《牛津英語詞典》中的參考文獻，提出了蒂利和史東這兩個著名的社會歷史學家的批評，而他們的批評仍尚未被克服。如今，關於數位歷史跨學科性質的疑問仍然存在。如何確保一切都被正確地處理？如何確保資料考據被認真對待？如何以一種歷史學家和電腦科學家都能理解且相關的方式來呈現結果？如何讓後繼之人有可能去驗證這些結果？

自從蒂利和史東提出批評以來，還有更多的事情已經發生了。當然，還有更多的資料，而且不僅僅是存在在檔案中，因為大量的資料流（data flow）不斷產生和積累，例如在網際網路的伺服器或個人手機中。正如高德納（Gartner）＊的 IT 術語所宣稱的：「大量、高速和 / 或多樣化的資訊資產需要具有成本效益的、創新的資訊處理形式，從而增強洞察力、決策制定和過程自動化」。[39] 大數據是每個人都關心的問題。拉詹‧沙克謝納（Rajan Saxena）將其描述為：「從

各種資料來源收集的結構化和非結構化資料，例如社群媒體文本、手機位置、網頁瀏覽和搜尋引擎、通話紀錄、無線電頻率識別、地圖、交通數據和公司內部紀錄。」[40]當然，這個清單還應該包括近幾十年來數位化的所有歷史紀錄。

　　如上所述，「大數據」這個術語已經有很長的歷史了。我們可以依據大數據本身來說明這一點。二〇一〇年，谷歌實驗室發布了由喬恩・奧爾萬特（Jon Orwant）和威爾・布羅克曼（Will Brockman）所開發的「谷歌N元語法檢視器」（Ngram Viewer）[†]，可以在其公司的大量數位化藏書中進行搜索。該工具在開放之時涵蓋了一五〇〇年至二〇〇八年間出版的五百二十萬本書，其中包括美式英語、英式英語、法語、德語、西班牙語、俄語和漢語圖書。如果使用字串「big data」搜索整個英語語料庫，檢視器會給出如圖1所示的結果。

＊　譯按：一家資訊科技公司。

†　譯按：依不同語言所建置的在線語料庫。

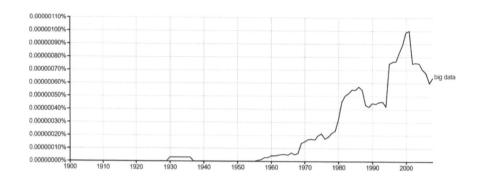

圖 1 谷歌 N 元語法檢視器中搜索「big data」的結果。
影像來源：Google Ngram Viewer. https://books.google.com/ngrams

　　這條曲線似乎表明了，在谷歌圖書的語料庫中，「big data」一詞的使用在二十世紀末迅速增長。[41] 這張視覺化的表格只做到二〇〇八年：「大數據」這個語詞仍具有強大的存在感，儘管不如二〇〇〇年之後的那麼多。這些檢索結果的可靠性應該有所保留，因為在某些情況下，「big」實際上是出現在一個句子的最後一個詞，而「data」是下個句子的第一個詞，而且有時會出現後設資料明顯不正確的情況；例如，第一版「大數據」一詞中所給出的年份，其實是來自後來的版本。不過，在這種情況下，大數據本身仍然提供了

英語文學中「大數據」一詞演變的大致概念。

　　大數據的「大」經常出現問題。肖恩‧格雷厄姆（Shawn Graham）、伊恩‧米利根（Ian Milligan）和斯考特‧溫加特，在《探索歷史大數據：歷史學家的宏觀視角》（*Exploring Big Historical Data: The Historian's Macroscope*）一書中，提出了一個重要觀點，即「大」的這個概念，實際上具有相當意義的相對性。「大」有著不同的維度和比例，這取決於不同的學科：「所謂『大』者在文學學者可能意味著一百本小說（龐大的未讀）；對歷史學家來說，這可能意味著整個十九世紀的航運業名冊；對考古學家來說，這可能指由好幾季的實地調查，和經年累月的挖掘和研究所產生的資料。」[42] 儘管他們評論說，與莫雷蒂提到的數千卷相比，這「龐大的未讀」小說只占了一百部，但研究學者正確地指出，資料的大小並沒有定量標準或是限制。一切都取決於研究的背景和所提出的問題。事實上，這一切更取決於問題而不是學科；例如，歷史學家的興趣不僅限於航運業名冊，還可以涉及小說和挖掘報告。每個資料的大小必須依個案個別評估。此外，「小數據」（Small data）這個術語，是用來

強調並不是所有的東西都必須是大的，數位方法可以應用於任何類型的資料。

正如前面的討論所示，大數據可以是任何類型的資料，從文本材料到視覺資料，從社群媒體內容到地點位置資訊。最常見的情況是，學者目前在數位人文和數位歷史中使用的大數據，是大量數位化或原生數位化文本的集合。這種趨勢是如此的強烈和根深柢固，以至於愈來愈多的人批評該領域過度著重於書寫文本，並認為應該更認真地看待視覺資料。梅爾文‧威佛斯（Melvin Wevers）和湯瑪斯‧史密特斯（Thomas Smits）在最近的一篇文章中評論道：「各種形式的文本分析已經主導了這一領域。」他們總結道：「這種強調源於可取得研究數位化文本之技術。」光學字元辨識允許研究人員使用關鍵字來搜索和分析數位化文本。[43] 雖然這個結論清楚地切中要害，但同樣顯而易見的是，文本材料一直是，且將成為人文學科任何類型研究的核心價值。

歷史研究文獻

在歷史研究中，分析過去的文本，包括手稿和印刷文本，有著悠久的傳統。當學術史研究真正開始於十九世紀時，以德國的歷史學家利奧波德·馮·蘭克（Leopold von Ranke）為代表，文本資料受到高度重視，不僅是文本資料，檔案資料更是如此。[44] 根據這種觀點，如果沒有記錄在案的資料來源，就不會有歷史研究。在一八九八年出版的《史學導論》（*Introduction aux études historiques*）一書（該書於一九〇四年翻譯為《歷史研究導論》〔*Introduction to The Study of History*〕）中，法國歷史學家查理斯·維克多·朗格洛瓦（Charles- victor Langlois）和查理斯·西尼沃斯（Charles Seignobos）闡述了這一著名原則：「沒有文獻，就沒有歷史研究。」[45]

事實上，早期的學術研究產生了一種文本等級制度，這對於歷史概念產生很大的影響。歸檔的官方檔案排在私人信件之前，手寫文本排在印刷和更大眾化的出版物之上。從這個意義上說，文本性從未被視為一種類型，而是多種文化產

品的一個總體範疇。在對文本熱情奉獻的推動下，歷史學家發展了他們的資料考證和詮釋學的解釋技能。然而，在十九世紀末到二十世紀初，歷史學家愈來愈受到批評，因為他們過於依賴書面和印刷資料，而忽視了歷史的其他遺跡。荷蘭歷史學家約翰・赫伊津哈（Johan Huizinga）就是這些先行者之一，他在一九一九年出版的《中世紀的衰落》（*The Waning of the Middle Ages*）一書中強調了視覺資料，該書從范・艾克（Van Eyck）兄弟的神祕畫作開始。[46] 可以肯定的是，如果沒有視覺材料，就難以理解中世紀。從一九二〇年代起，法國年鑑學派的歷史學家提出，任何一種文化產品都可以成為歷史學家的資料來源，不僅是書面和視覺資料，還包括口述傳統、物質遺存、建築、統計數據和視聽資料。[47]從這個觀點來看，數位人文學科的討論，有時似乎是回歸到那些一百年前曾討論過的相似觀點：文本，尤其是印刷文本，很容易獲取，並且已經有了一種成功應用於研究的方法。但這只是部分正確的，因為今天的背景不同了。今天強調文本大數據的原因之一，是歷史語言學有著研究數位化語料庫的悠久傳統；早在歷史學家和其他人文學者發現這樣的

語料庫之前，這一領域的學者早就已經開始這麼做了。

今天，印刷文本資料被廣泛使用，因為在前一章中討論的那種大型數位化專案已經達到了這樣的程度，它們不僅為學術研究提供了豐富的基礎，而且為將這些語料庫連接在一起提供了更多的可能性。許多文本收集是由國家圖書館或透過私人倡議所產生的，因此跨國或跨區域研究問題，需要進行大量的準備工作，以使更大的研究環境成為可能。

對於今天的歷史學家來說，報紙可能是最常見的數位化原始資料形式。也許有人會說，早在十九世紀，報紙就是一種先進的大數據形式。自一九三〇年代以來，高速印刷機可以每天以低廉的價格印刷數萬份報紙。英國政治家兼作家愛德華‧布林沃‧利頓爵士（Sir Edward Bulwer Lytton）將報紙描述為「文明的編年史，每條河流都將其活水注入於共同水庫，每個人都可以來這裡飲水。」[48] 當然，從十七世紀開始就有報紙出版，這些早期的報紙對於數位歷史學家來說也很重要，但從十九世紀初開始，期刊出版社形成了一個覆蓋全世界各個角落的網絡。正因為如此，它們為大規模的分析提供了基礎，即一個跨越大陸邊界的基礎。

　　在過去的十五至二十年間，各國的國家圖書館已經將他們的報紙收藏數位化了。如果我們把澳大利亞、芬蘭、德國、墨西哥、紐西蘭、荷蘭、英國和美國的數位化報紙加起來，我們會得到超過一億頁的內容。沒有任何的搜尋引擎能夠僅透過一次搜索就查詢到所有的集合，研究者必須分別查詢每一個資料庫。

　　有許多歷史報紙檔案已經有瀏覽清單可以使用，幫助研究者在全球的範圍內找到研究方向，並找到相關的收藏。在維基百科上可以找到其中最全面的清單，包括來自阿根廷、巴西、加拿大、赤道幾內亞、冰島、日本、俄羅斯和斯洛維尼亞等國的數位化館藏。[49] 不言而喻，這些數位化館藏在可訪性和搜索選項等方面都有所差異。有些館藏是要付費的，如《日本時報數位檔案館》（ *Japan Times Digital Archives* ）[50] 和《法蘭克福匯報》（ *Frankfurter Allgemeine Zeitung* ）[51] ；還有一些則免費開放，如希臘國家圖書館（National Library of Greece）[52] 的數位報紙檔案館（Digital Newspaper Archives），以及西班牙國家圖書館（National Library of Spain）[53] 的數位館藏（hemoteca Digital）。另一個問題則是可搜索性。似乎

有些數位化專案在開始之初，並未優先考慮其被搜尋性；更確切地說，它的構想是讓那些無法訪問圖書館的讀者，可以在線上閱讀這些出版物。例如，在網上可以找到一九〇三年至一九六九年的《西屬幾內亞》報（*La Guinea Española*）的 pdf 文件。[54] 每一份報紙都是一個單獨的圖像檔，該文本沒有光學識別，因此無法檢索。該資源對研究赤道非洲的學者很有價值，但為了要運用數位方法，使用者首先應下載所有 pdf 檔，用光學字元辨識（OCR）軟體提取文本，也許還需要尋求其他形式的預先處理。

安德魯・普萊斯考特（Andrew Prescott）指出，在許多數位化計畫中，最初的目標並不是要產生出可供搜索的文本，當今許多最常用的館藏常常可以見到這個特點。[55] 普萊斯考特指的是伯尼收藏（Burney Collection），一個著名的英國報紙資源*。這個專案始於一九九二年大英圖書館購買了一個微縮膠片數位化機器：這是一個實驗性的專案，主要

＊　譯注：英國古典學者查爾斯伯尼，收藏了十七至十八世紀高達數百萬頁英國的報紙。

是為了在圖書館尋找微縮膠片替代品的過程上能夠有所改進。沒有人假設數位圖像會取代微縮膠片，因為膠片在合適的條件下可以保存一千年，被認為是一種更穩定的保存媒介。[56] 如今，伯尼收藏已由蓋爾聖智學習公司提供了可搜尋服務，但在一九九〇年代這個專案開始之初，尚未清楚未來的技術將如何發展，以及什麼典藏是伯尼收藏的最佳選擇。在一九九〇年代，還有一個名為 TIDEN 的斯堪地那維亞的專案，包括來自丹麥、芬蘭、挪威和瑞典的合作夥伴，而這標誌著芬蘭國家圖書館數位收藏的開端。早在一九九〇年，赫爾辛基大學圖書館就在東部小鎮米凱利（Mikkeli）建立了微縮膠卷和保護中心，其想法是創建一個全面的芬蘭報紙和期刊的微縮膠卷收藏。大家很快就發現，數位化將為研究基礎設施的發展帶來更多的成果，而 TIDEN 專案提供了專注於數位化問題的探索，以及實際產生數位副本的可能性，大部分是在以前製作的微縮膠卷的基礎上。[57] 這就是為什麼現在芬蘭的數位化報紙的典藏和世界上許多其他的專案一樣，幾乎完全是以微縮膠片為基礎。今天，再次掃描所有的內容既費力又昂貴。這導致了幾個結果，其中檢索問題只

是其中一個。而另一個問題是數位化本身的品質。一開始，品質差一點並不重要，因為唯一的動機是讓那些早期被迫滾動微縮膠卷的用戶，能夠更容易存取微縮膠卷中的資料。然而，不久之後，出現了檢索功能的發展，但掃描的品質卻把這項發展給限制住了。這提醒了我們要注意資料考證的重要性，並需要考慮大數據收集的形成，如何影響它們作為歷史證據的條件。

　　數位化文本收藏的檢索介面乃是基於光學字元辨識。從掃描圖像中捕捉文字的方法從十九世紀晚期就已經開始發展，但從一九七〇年代起，它們才成為實用的研究工具。[58] 發布於一九九三年的 ABBYY FineReader，是最成功的 OCR 程式之一。該軟體的最新版本可以識別 192 種不同的語言。[59] 這是個極大的發展，但 OCR 仍為歷史研究帶來了一個問題，那就是資料愈久遠，字元識別上就愈困難，主要原因是字體形狀的不穩定，不同的原始印刷材料，物件經過多層掃描的過程，以及從微縮膠片上轉成數位化的內容。蒂姆・希區考克指出，「OCR 在應用於早期現代出版物、十九世紀的廉價和日常印刷品，或任何形式的複雜格式，包括表

格、清單和廣告時，都不能產生可靠的結果。」[60] 並且，品質並不會隨時間而改變，但從某種意義上說，舊材料的品質會假設為比現代材料要來得差。例如，在十九世紀晚期，每張報紙通常有六欄、七欄甚至是八欄，儘管紙張的尺寸增加了，但字體的尺寸卻不斷縮小，這更使得 OCR 程式難以正確識別文字。排版也是個問題：現在的軟體比較容易識別現代字體，而二十世紀以前流行的哥德式則較難辨識。然而，對於歷史和非歐洲的資料，OCR 的效果變得愈來愈好，且新的解決方案很快就會出現在工具列中。例如，德州農工大學（Texas A&M University）的早期近代 OCR 計畫（eMOP）提供了一個極好的例子，它結合了 OCR 的開源軟體資源和書籍歷史（book history），來提高近現代印刷文本的 OCR 準確性。[61]

　　所有這些都意味著數位化文本資料庫包含了大量的數位雜訊、誤讀字元和 OCR 錯誤，從而導致介面搜索永遠無法找到所有相關資訊。[62] 這可以用《新加坡紀事和工商報》（可提供線上查閱）的一個例子來說明這一點。[63] 在新加坡國家圖書館的網站上，讀者可以看到報紙一則又一則的圖片

內容。一八二七年二月十五日，《新加坡紀事和工商報》刊登了一則關於新加坡重要商業意義的新聞。這篇文章實際上是從一八二六年十一月二十四日的加爾各答報紙《約翰牛》（John Bull）上所抄下來的，開頭和結尾都提到出處。文本開始處如圖 2 所示。

對於人類讀者來說，圖 2 中的文本非常容易閱讀。然而，圖 2 的 OCR 判讀結果出現如下的亂碼：「SINGAPORE. is^{TM} bubble nearly Cal John Bull. November 24-"Hiving r. f. d" A" the trade and growing prospenty of Uiis place 1–was led to expect a port or great bustle ana aetty ty；but, having found from past ex P^ ' `e,f ,C,b 5.'」

正如我們所看到的，OCR 軟體僅能部分辨識出《約翰牛》的前四行。前三行完全不見了，第四行還有「破滅」這個詞。原來的報紙本來就存在著拼寫錯誤，例如把 Crawfurd 寫成了 Crawford，但 OCR 軟體甚至於造成更多的錯誤，比如把 Having 寫成了 Hiving，把 prosperity 寫成了 prospenty。甚至還有一些根本不屬於十九世紀文本的字元，例如上標縮寫 TM，意思是商標，以及一系列也不符合當代語言模式的

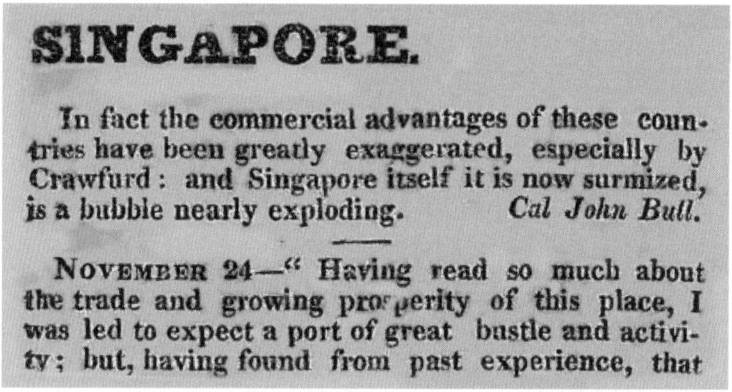

SINGAPORE.

In fact the commercial advantages of these countries have been greatly exaggerated, especially by Crawfurd : and Singapore itself it is now surmized, is a bubble nearly exploding.　　*Cal John Bull.*

NOVEMBER 24—" Having read so much about the trade and growing prosperity of this place, I was led to expect a port of great bustle and activity; but, having found from past experience, that

圖 2　1827 年 2 月 15 日《新加坡紀事和工商報》（*Singapore Chronicle and Commercial Register*），這一數位化是由 Microform Imaging Ltd 提供的一張微縮膠片製成的。*

＊　報紙翻譯：

新加坡

事實上，這些國家的商業優勢。被大大地誇大了，尤其是克勞福德：現在新加坡本身是一個即將破滅的泡沫。

《約翰牛》（John Bull）

11 月 24 日——「讀了這麼多關於這個地方的貿易和日益繁榮的消息後，我開始期待一個非常熱鬧繁盛的港口；但是，從過去的經驗中發現……

字元，例如「P^&#39」。所有數位化報紙的使用者都很熟
悉這種對歷史文本的演算法解釋。這些亂碼的片段在所有的
報紙資料庫中都能找到。從考證資料的觀點來看，每個查詢
這些資料庫的人都必須考慮這樣一個事實：所有查詢都是針
對 OCR 所判讀的文本，而不是實際的報紙。在《新加坡紀
事和工商報》的案例中，這意味著如果搜尋者用「Singapore
itself it is now surmized」這個短語來檢索，他或她將永遠找
不到這個出處，因為 OCR 軟體完全忽略了這句話。搜尋引
擎只能檢索到 OCR 判讀的文本與原始文本足夠接近之處。
同樣的問題在所有的報紙檔案中都可以發現，但其機率會依
OCR 判讀文本和掃描圖像之間的關係而有所不同。有些數
位化資源根本不提供文本，所以搜尋就好像實際上是在處理
掃描的圖檔一樣。也有一些系統會優先考慮圖檔，但如果需
要也可以查看 OCR 所判讀的文本。從這個意義上來說，澳
大利亞國家圖書館（National Library of Australia）收藏的特
羅夫報紙資料庫（Trove）是最具代表性的網站之一，它在
瀏覽器中同時在不同的視窗中開啟 OCR 判讀的文本和瀏覽
原來的圖檔。[64]

約翰・札爾布林克（Johan Jarlbrink）和裴里・史尼卡兒（Pelle Snickars）指出：「數位化資料（作為報紙檔案）的創建、存儲、處理和格式化的方式，自然地影響了數位報紙作為一種歷史紀錄，如何存取和使用，以及如何探索歷史和可以（重新）講述的故事。」他們進一步強調，數位雜音已經是我們文化遺產的重要組成部分，除了歷史紀錄，這些收藏還包括了「數百萬個由 OCR 所產生的誤解單詞」，實際上還有數百萬個透過計算工具重新編輯過的文本。[65] 雷恩・科代爾（Ryan Cordell）也詳細討論過 OCR 汙染了原件的問題，並建議不要把它僅僅視為研究的主要障礙，而應該將數位後的報紙視為「其原始文本的新編輯本，為所修補的歷史文本與再整製的更近代文本，提供了獨特的洞見」。[66] 可以肯定的是，報紙資料庫包含了資料生成歷程的各個階段。未來的挑戰是如何以最佳的方式來表達收藏的累積性質，讓使用者洞察到提供資料來源的編輯歷史，無論是人工的產出或演算法計算出來的。最近有許多計畫致力於發展報紙資料庫，如由瑞士國家科學基金會資助的「媒體監測過去：挖掘二百年歷史報紙」計畫[67]，以及由歐盟地平線二〇二〇

研究和創新專案所資助的「NewsEye：歷史報紙的數位研究者」。[68] 然而，主要的問題是：要確保計畫資金（通常都只提供幾年）所編制的工具和指導方針，能夠在圖書館和檔案館的長期改進過程中得到最大的利益。

　　報紙資料庫所要面臨的挑戰之一是，所有的數位文本收藏都分散在不同的圖書館和檔案館中。當然，歷史學家有可能單獨查閱這些收藏，而且有很多例子表明這種工作的好處[69]，但連結這些收藏之間的橋梁，將激勵研究人員探索跨國的聯繫，跨越區域上的隔閡。歐洲數位圖書館（Europeana），是將歐洲各個國家資源庫整合在一起的最大計畫之一，該計畫還包括了報紙的部分，涵蓋了從一六一八年到一九九六年間，來自二十個歐洲國家的資料。[70] 這個整合也面臨了資金上的問題，但它清楚地顯示了整合資源的好處。歐洲數位圖書館可以讓使用者以關鍵字和語詞來搜尋資料庫，因為各國報紙資料庫的後設資料各不相同，這確實很耗時費力。另一個努力整合資源的例子是由科代爾所領銜的「領導的交流之海：在歷史報紙資料庫中搜尋全球資訊網絡 1840 ～ 1914」（*Ocean Exchanges: Tracing Global*

Information Networks in Historical Newspaper Repositories,
1840-1914）。它匯聚了來自芬蘭、德國、墨西哥、荷蘭、
英國和美國等六個國家的數位化期刊的研究人員，以研究跨
越國家和語言邊界的資訊流動模式。[71] 該計畫還為每個國家
製作了各自的資料描述，包括了關於館藏歷史和後設資料品
質的資訊。[72] 到目前為止，該項目的一個主要成果就是觀察
後設資料的體系結構中存在著多少差異。然而，梅樂蒂・貝
爾（Melodee Beals）和計畫團隊所製作的複雜圖表，可能為
這些資料收集的未來聯結提供了一條途徑。[73]

這個對文本檔案的討論，僅涉及儲存庫的基礎知識，允
許透過其介面來進行搜尋。對於歷史學家來說，使用搜索介
面是至關重要的，但為了要能夠做進一步的數位分析，得要
可以下載資料，例如包含了經過 OCR 之後的文本和後設資
料，通常採用國際 XML 標準，如 METS 和 ALTO 格式。[74]
在資料庫轉儲（data dump）中，所有檔案都會打包，便可
輕鬆地從一個位置傳輸到另一個位置。當檔案包解壓縮時，
通常包括一些卷宗和報紙的資料夾。一旦下載了這些套裝
軟體，研究學者就可以使用更先進的資料探勘工具，並真

正的從大型資料的優勢中獲益。從使用資料轉儲測試的角度來看，盧森堡國家圖書館是個非常好的網站，因為除了幾百 GB 的大數據之外，它還包括了測試包。這個小的資料庫轉儲測試包只有 250 MB，它包含了《盧森堡報紙》（*D 'Wäschfra*）在一八六八年當中的五天新聞。下載並解壓縮轉儲檔後，用戶會找到五個資料夾，每天一個。每個資料夾都有 PDF 檔和 XML 檔的形式。資料轉儲檔還包括以下四個資料夾。影像檔資料夾是每個頁面的高解析度 TIFF 圖像；PDF 資料夾則以 PDF 格式來儲存各個頁面，文字資料夾以 XML 格式儲存每個頁面，縮圖資料夾則是以較小的 JPG 圖像檔儲存每個頁面。[75] 因此，作為一項服務，資料轉儲包括了 PDF 或 XML 的檔案，也可以根據研究人員的興趣來使用單獨的分頁檔。

　　前述有關文本的大數據的案例來自於期刊出版公司，但確實還有很多其他的文本資料庫可以使用。其中一些已在第一章中介紹過，例如古騰堡計畫所提供的多語言書架，還有來自於世界上各地其他線上電子書的收藏、從網路上收集的原生數位內容、已數位化的口述歷史紀錄，以及許多其他不

同資料來源，都能夠用來補充說明。在未來將這些獨立的資料庫結合起來，並提出超越不同文本類型邊界的研究問題，將會是一個有趣的挑戰，而目前還尚待完成。再者，現今文本資料的問題不僅僅涉及到數位化的印刷來源或原生的數位內容；在數位歷史學家討論的議程上出現了手寫資料，並迅速獲得關注。手寫文字識別（HTR）技術在過去幾年中發展迅速，其成果也在不斷改進。在某些情況下，HTR 比印刷資料的 OCR 還更準確。在這個領域中有好幾個可以運用的程式。在手稿文件識別當中，Transkribus 是最令人振奮的計畫之一，它是由因斯布魯克大學主辦，並由歐盟委員會資助，是二〇一六年至二〇一九年 H2020 專案 READ 的一部分。Transkribus 讓用戶能夠透過提供一組歷史文檔的樣本，使該軟體學習如何辨識，而不斷提供的學習資料讓開發者得以增強該程式的功能。[76] 阿姆斯特丹市立檔案館在其手寫文字識別專案中使用了 Transkribus。在最好的情況下，其錯誤率僅為百分之六。[77]

遠讀的閱讀技術

　　如上所述，數位歷史學家有許多文本資料庫可以使用。讓我們回到閱讀的問題上來。何謂閱讀？如果研究人員必須採納數百萬字，甚至更多，那麼閱讀意味著什麼？在這種情況下要如何實現解讀文本？

　　閱讀總是涉及到解釋，遠讀也是如此，遠讀與人類的解讀並不是兩相對立的。相反，我們只能說，遠讀將閱讀分為不同的過程：例如，對文本的識別，其組織和結構的分析可以由閱讀的機器來完成，而對這一過程的解釋則由人類讀者，特別是研究人員來完成。人類解釋的過程也可以由電腦輔助或由人工智慧來運作。

　　在當今的數位人文和數位歷史學中，遠讀並不是指任何單一的閱讀方式或任何連貫一套方法論。近幾十年來，已經開發了許多用於組織大數據的解決方案。它們的發明並不是要回應遠讀的想法，因為其中一些具有更長的歷史，但它們作為收集大量資料的方法，顯然在人文研究學者所使用的工具箱中分量更重了。

　　主題建模是研究一系列文檔基本結構的一種統計方法。[78]
在本例中，「Topic」指的是資料中出現的一組單詞。對這些
主題進行建模是一個開放式的過程，因為主題的數量最終取
決於研究人員如何編排演算法。[79] 最常見的統計模型是潛在
狄利克雷分布*（Latent Dirichlet allocation，簡稱 LDA），由
大衛・布萊（David Blei）、吳恩達（Andrew. Y. Ng）和麥
克・喬丹（Michael I. Jordan）在二〇〇二年開發。[80] 也有一
些易於使用的軟體程式，如用於主題建模的 Mallet。[81] 其主
要概念是，研究人員擁有的資料愈多，對於組織資料、尋找
哪些詞傾向於聚集在一起及識別主題而言，主題建模工具就
愈有用。主題建模對於非結構化文本非常有用，其中並沒有
注釋，而這有助於讓電腦來解釋語義。重要的是，不要將這
些主題與論題混淆，或者將兩者視為相同。例如，一篇文章
可能有一些固定的論題，可以透過精讀來觀察。然而，在主

＊　譯按：這是一種主題模型，它可以將文檔集當中每篇文檔的主題
　　按照機率分布的形式給出。同時它是一種無監督學習算法，在訓
　　練時不需要手工標注的訓練集，需要的僅僅是文檔集以及指定主
　　題的數量 k 即可。

題建模中，演算法會依照研究人員給出的程式設置，盡可能地找出最多的主題。如果數量太多，主題可能會分散，從而造成語義解釋困難。在實際執行當中，研究者必須設法找到最富有成效的主題數量進行分析。[82]

　　在歷史研究中有許多使用主題建模的例子。例如，二〇一一年，楊載義（Zae-i Yang）、安德魯‧托格特（Andrew J. Torget）和拉達‧米哈爾恰（Rada Mihalcea）以歷史報紙作為資料庫來試驗主題建模。他們分析了從一八二九年到二〇〇八年在德州出版的報紙，審閱了超過二十三萬頁，這已經是個很龐大的資料量。他們將材料分成四個子組來測試主題建模，並在分析之前對資料進行預先處理。在這個過程中，所謂的停用詞也必須加以鑑別。這些停用詞是常用的詞，如代詞，必須在運行演算法之前將其刪除，使結果盡可能更有成效。最後，研究人員能夠從大量的德州的歷史資料中提取出具有歷史意義的主題，但他們也面臨著光學字元辨識中的雜訊問題。[83] 如果光學字元辨識的成效不好，這意味著有很多破碎或拼寫錯誤的單詞，導致結果變得混亂。儘管如此，該研究和許多其他案例研究[84] 揭示了統計分析（如主

題建模）在組織資料和注入語義意義方面的潛力。

　　主題建模只是遠讀的一個例子。莫雷蒂本人強調視覺技術，或者用他的話來說，「圖表、地圖和樹狀圖」。他希望能透過圖表，將歷史小說類型的變化加以視覺化，用地圖來說明小說的地理層面，用樹狀圖來展示如何分類不同類型的故事。[85] 二〇一五年，耶尼克（Jänicke）等人在對數位人文學科中不同的精讀和遠讀技術進行分類時，還發現除了「圖表、地圖和樹狀圖」之外，遠讀的其他類別，如結構概述、熱圖（heat maps）、標籤雲和時間線。他們還試圖定出結合精讀和遠讀的策略，大數據使用者在詮釋結果時，可以回歸到小數據甚至是個別的文檔。[86]

　　在程式設計歷史學家網站上，遠讀的領域得到了進一步的說明，該網站一直致力於鼓勵歷史學家自己學習運算方法。[87] 這個「新手友善」的網站，包含了經同行審查的教學大綱，由英語、法語和西班牙語所編寫而成。截至二〇二〇年五月，該英語版的網站已經囊括了八十二門不同主題的課程，包括 Mallet * 使用，但也包括更高階的問題，如使用 R 語言進行資料處理和管理，或使用 Python 來做文體學

分析，也就是風格分析。在「遠讀」的標題下，該網站有十一個教學大綱，這些主題展示了與遠讀技術相關的初階方法。除了數據整理、文體學和主題建模，這些課程還包括使用 AntConc 軟體來進行語料庫分析，以及介紹一個名為 MySQL 的資料庫來儲存和過濾資料。課程還包括語詞的情感分析，作為一種在文本或語料庫中正面或負面程度的量化方法。[88] 遠讀的策略清單還可以繼續補充。莫雷蒂本人對於網絡特別感興趣，例如他設想了莎士比亞戲劇中的人物網絡。[89] 歷史程式學家提供了一些關於網路自學的經驗。[90] 格雷厄姆、米利根和溫加特，也在他們二〇一六年的指南書《探索大歷史資料：宏觀的歷史學》中介紹了網絡分析，以及其他許多遠讀技巧。[91]

　　文本重用[†]（text reuse）的研究，是遠讀最活躍的領域之一，它可以包括準確的引用，但也可以包括有意或無意的借用和釋義。[92] 當然，重複和抄襲的段落可以透過精讀來識

＊　譯按：一種以 Java 為基礎的語言工具的機器學習軟體。

†　譯按：這是指文本可以不斷地被全文複製或被借用。

別，這是神學家、歷史學家、文學學者和其他人文學科的研究者幾個世紀以來一直在做的事情。文本的數量愈多，使用數位方法的好處就愈大。今天，在龐大的全集資料庫中發現相似之處是可能的，比如在數百萬個報紙頁面的資料轉儲。在這裡，遠讀有助於透過演算法來識別全集資料庫內的關係，然後再讓研究者精讀，例如重複出現的媒體內容連結。基於檢測相似的字串，容忍 OCR 錯誤和其他形式的雜訊，或定位單詞序列和單詞如何一起出現，都可以成為演算法的解決方案。

　　近年來有幾個關於文本重用的有趣計畫。林肯・馬倫（Lincoln Mullen）分析了美國報紙上的聖經引文；[93] 馬可・布希勒（Marco Büchler）、格里高利・克蘭（Gregory Crane）、瑪麗亞・莫里茨（Maria Moritz）和愛麗森・巴布烏（Alison Babeu）研究了在古代文本中如何引用荷馬史詩；[94]「知識、資訊技術和阿拉伯書籍」計畫（*Knowledge, Information Technology and the Arabic Book*）探索了西元七百年至一千五百年間阿拉伯文本資料庫中的文本重用。[95] 由雷恩・科代爾（Ryan Cordell）和大衛・史密斯（David A.

Smith）所領導的病毒式文本擴散研究計畫，也許最有雄心的努力，該計畫旨在分析十九世紀美國媒體的文本重用。[96]該計畫已擴大到全球規模，匯集了來自芬蘭、德國、墨西哥、荷蘭、英國和美國的研究者，探索跨國和跨大陸的資訊流動。[97]

複製文化有許多歷史分支，可以為揭示過去的重複本質提供有趣的說明。這只有保持一段距離才能夠理解。在芬蘭的一個文本重用計畫中，從當地報紙業開始創辦到一九二〇年間，總計有五百一十萬頁的已出版的報紙和期刊可供挖掘。最後，共發現一千三百八十萬個重複使用的文本叢。大多數內容共用的案例發生在一年內，但超過二百萬個文本叢持續時間更長。令人驚訝的是，重複的過程也非常緩慢；最長的重用案例幾乎和專案的時間跨度一樣長。[98]這種長期的觀點顯示了演算法的好處。

遠讀，或者是由電腦輔助的精讀，意味著歷史學家必須以某種方式與技術和演算法打交道。懂得程式設計的歷史學家和許多最近的指南書，已經為傳播有用的方法學和背後必要之計算圖的知識和訣竅，鋪平了道路。[99]

正如本章所指出的，文本資料在數位人文學科中的主導地位，就像它在數位歷史學領域裡那樣，正面臨著愈來愈多的批評。在下一章將深入探討視聽材料之前，有必要先回顧一下，所謂的文本性和視覺性的二元區分是相當具有誤導性的，不應該太嚴格地看待。文本包括圖像，反之亦然。今天，網路文本通常包括聲音和圖像。此外，文本和圖像都可以視為過去的物質遺跡。按照法國哲學家布魯諾・拉圖爾（Bruno Latour）的想法，文字不只是一種抽象的字元順序，而是刻在有形物體上，在石頭或大理石上，在紙上或硬碟上。[100] 文本是有維度的物質實體：印刷文本以對開和八開，作為大報和小報的形式表現。當將文本視為大數據時，就必須認真考慮後設文本，因為它讓我們能了解眼前文本的物質面向。後設資料最近成功地用於書籍歷史的研究，其中，要理解書籍在過去是如何作為具體的人工製品，而其流通的問題至關重要。[101] 在未來，這些物質上的影響可能成為將文本的可量化資料與其內容研究，更緊密地結合在一起的途徑，從而對讀者的想像力產生影響。

第三章
圖繪和觀看歷史

　　一九九〇年代是數位歷史學的早期階段，地圖在此時尤其令人感興趣，也許比前一章討論的文本材料更饒富興味，因為大規模的數位化專案最近才開始進行。威廉·湯瑪斯（William G. Thomas）和愛德華·艾爾斯（Edward L. Ayers）於一九九三年在維吉尼亞大學展開了一個關於美國內戰的計畫，名為「陰影之谷」，匯集了南方和北方士兵的經歷。並在網路上公布了歷史檔案，包括了信件、日記、圖像、報紙、教堂紀錄、人口普查紀錄、稅收紀錄、統計資料，以及地圖。例如，戰前的資料包括維吉尼亞州的奧古斯塔郡，和賓夕凡尼亞州的富蘭克林郡的地理、基礎設施、農

業、政治、宗教和奴隸制有關的地圖。這些不僅僅是將已有
的視覺化資料給數位化，也是計畫的一個組成部分，由專案
成員為了提供線上使用而製作的。[1]

打從一開始，視覺資料就是數位歷史學的核心，而地圖
則是將檔案數據視覺化和建立參照點的重要元素。這章將繼
續討論在所謂的空間轉向的推動之下，地圖作為資料來源和
歷史解釋的問題。本章接著選擇了另外三個正在討論的主
題，即視覺資源所扮演的角色日趨重要，包括遠觀的觀念，
視聽資料之多模態分析的最新發展，以及視覺和視聽歷史的
後設資料的可能性。

地圖作為數位資料的來源

歷史學家一直強調空間和空間性（spatiality）*的意

---

* 譯按：是具體而可以辨認的社會產物，它社會化且轉化了物理空
　間與心靈空間。空間性同時是社會行動與關係的中介和結果、前
　提和體現。社會生活的時空結構化，界定了社會行動與關係（包
　括階級關係）如何在物質上建構而成，並變得具體。

義。在過去的研究中，地點與時間同樣重要。例如，這涉及到地點（如城市和村莊）、自然地標（如河流、山脈或海洋）以及自然和政治邊界。除了地圖之外，透過一系列的資料來研究空間性，從建築計畫和景觀圖像，到旅行記事和小說中的口頭描述。歷史學家也將空間的意義加以理論化，如弗雷德里克・傑克遜・特納（Frederick Jackson Turner）的著名文章〈邊疆在美國歷史中的重要性〉（The Significance of the Frontier in American History, 1893）和費爾南・布勞岱爾的經典作品《菲力浦二世時代的地中海和地中海世界》（*The Mediterranean and the Mediterranean World in the Age of Philip II*, 1949）。

人文科學和社會科學研究中所謂的「空間轉向」，起源於對空間和地點長久以來的興趣，[2] 但直到一九九〇年代，它才真正地進入了學術討論當中。根據桃莉絲・巴赫曼－梅迪克（Doris Bachmann-Medick）的說法，這項發展是受到一九八〇年代和九〇年代之交冷戰結束的啟發；隨著東方和西方集團的政治兩極對抗的結束，出現了繪製全球秩序重組之地圖的需求，這超越了以往的安全戰略，並理解跨國

流動將如何改變對世界的想像。[3] 愛德華・索亞（Edward W. Soja）於一九八九年出版的《後現代地理學》（*Postmodern Geographies*）是一本開創性的著作，隨後他又在一九九六年發表了《第三空間》（*Third space*）一書。空間轉向很快地就涵蓋了多個研究領域，包括人類學、考古學、地理學、性別研究和歷史。[4] 對於數位歷史學家來說，了解這些背景是很重要的，但當然，空間性及其數位研究方法，與同時出現的地理空間訊息的發展密切相關，而地理空間訊息是多學科合作的結果。

第一章所述的歷史資料數位化也包括地圖在內。今天，許多國家和國際上的數位化地圖收藏，讓他們能夠同時使用以電腦進行的計算工具和傳統的方法來進行研究。[5] 例如，丹麥皇家圖書館已於一九九七年開始掃描其地圖收藏。起初的想法是製作索引圖來展示藏品，並提高藏品的可用性。另一個動機是難以處理的超大地圖所帶來的挑戰，當然，保存問題也至關重要，因為使用數位副本可以使原件不被破壞。自二〇〇三年以來，該圖書館透過網際網路提供珍稀地圖。[6] 阿根廷國家圖書館的網站上，目前有一千一百二十二份可下

載的歷史地圖，數位收藏不僅包含較早期的地圖，還有大量
二十世紀的資料。[7]收藏於大英圖書館的四百五十萬件文物，
是目前最大的歷史地圖、平面圖（plans）和視圖（views）
的收藏之一。它不僅包括掃描的地圖，還包括地理空間數
據、製圖應用和數位航空照片，並具有數位化和原生數位內
容的特點。[8]這些藏品的年代跨度超過二千年，其規模可以
從喬治三世的地形圖和海事圖的收藏中看出，僅喬治三世的
收藏就包括三萬至四萬幅世界各地印刷和手繪的地圖、平面
圖和視圖。[9]然而，並不是所有的地圖都是平面的，大英圖
書館還擁有數百個地球儀和天球儀，這些都是立體的物質文
物。[10]

　　作為資料來源，地圖是具有層次的文化文物，包括數
字、文本、符號和圖像。歷史研究借鑑了這些資料，它們可
以是仔細閱讀和圖像分析（iconographic）*的對象，或者也

＊　譯按：又叫圖像演變學、圖像學，圖像分析主要是研究同一類型
　　圖像的外在形象和內在意象，類型與範圍無所不包，可以是色
　　彩、輪廓、材料、結構、故事、意識形態、象徵意義等等。

可以透過對視覺概念或文本內容的電腦演算研究，來作為遠讀之用。地圖可以被描述為物理世界的表徵，但它們也構築了我們所知的世界。必須要在促使繪製地圖之實際情況的脈絡之中，才能夠理解歷史地圖，包括距離的測量和表達的方式，以及為地圖匯總數據的策略；當然，繪製地圖的動機和用途也會影響這些檔案的詮釋。地圖通常試圖用平面來描繪立體的世界，所以地圖具有很強的再現性。在《探索歷史大數據》一書中，格雷厄姆、米利根和溫加特指出，「這些看似直接的再現形式卻充滿了困難的選擇，因為要將平面座標鋪設在立體世界上，這意味著要對使用何種地圖投影方式做出複雜的選擇」。[11] 例如，他們指出，在以麥卡托投影＊為基礎的谷歌地圖上，格陵蘭島看起來幾乎和非洲一樣大，但非洲實際上是格陵蘭島的十四倍。[12]

＊ 譯按：是一種等角的圓柱形地圖投影法。得名於法蘭德斯出身的地理學家傑拉杜斯·麥卡托，他於一五六九年發表長二百〇二公分、寬一百二十四公分以此方式繪製的世界地圖。

在解決平面／立體的轉換問題上，現今的投影方式已有所不同，還有許多其他因素影響著古老的地圖對於物理世界的投影方式。在過去，地圖也代表了一種想像的領域，其環境特徵，如海岸線和河床，可能會隨著時間的推移而發生變化，因此並不總是能夠將歷史地圖還原為地形世界。研究人員必須評估將歷史地圖與現代地圖兩相匹配的可能性，並確定這是否符合學術任務的目的。如果是符合的，下一步就是要確認歷史地圖與現今參考地圖中的經緯度相對應的點（這一過程稱為空間對位）。自一九八〇年代以來，地理資訊系統（GIS）提供了管理地理資訊的工具。透過提取歷史地圖的資訊，並與其他 GIS 數據和資料集（data sets）比較分析，使繪製歷史地圖成為可能。[13] 紐約公立圖書館收集了超過一萬一千張經過空間對位的地理地圖，用戶可以公開查詢這些地圖。[14]

作為歷史解釋的地圖

歷史地圖的使用（實際上是任何資料）都取決於

研究問題。當沒有實際歷史地圖可用時，地理校正
（georectification）無法使用。其他可能的地形和地理資料
來源可以進一步處理成數位地圖，呈現出歷史性的詮釋。歷
史學家哈里・基斯基寧（Harri Kiiskinen）在研究羅馬伊特
魯里亞的陶器生產和貿易時，借鑑了地理資訊系統。為了了
解貿易路線，他試圖判斷出二千年前伊特魯里亞的哪些河流
在當時是可以通航的。除了考古和歷史證據之外，這項工作
還使用了以美國國家航空暨太空總署太空梭雷達地形任務
（Shuttle Radar Topography Mission）*的地形資料為基礎的
數位地形模型。結果，基斯基寧繪製出一幅重建伊特魯里亞
河流網絡的地圖。[15] 在此，數位地圖既有助於研究目的，也
體現了一個重要的歷史論點。

　　在地理資訊系統和數位人文學科的時代來臨之前，地圖
就已經被用來將大數據給視覺化。法國的土木工程師查爾
斯－約瑟夫・米納德（Charles-Joseph Minard, 1781~1870）
的作品就是個絕佳的提醒，他因其所繪製的資訊圖形和地圖
而享譽盛名。[16] 他最著名的地圖是一八六九年描繪拿破崙一
八一二年的俄羅斯戰役。圖中有戰役方向的地理分布定位，

但地圖中整合了許多其他資訊要素，包括了從軍隊的數量到氣溫。[17]該地圖清楚地顯示了拿破崙與他的軍隊在從俄羅斯邊境向莫斯科行軍的過程中所遭受的苦難。米納德也勾勒出了他那個時代的現象，如全球範圍內的移民活動。十九世紀與今天有其類似之處，也就是新技術所提供的資訊都突然大量增加，如高速印刷機、鐵路和電報等。[18]如今，米納德通常被認為是所謂的流型圖（flow map）[†]的開發者。一八四五年，在關於鐵路網絡發展的討論激勵下，他繪製了一幅顯示第戎（Dijon）和莫爾豪斯（Mulhouse）之間的公路上乘客往來情況的地圖。[19]

　　十九世紀的統計學對如何將資訊視覺化產生了顯著影響。格雷厄姆、米利根和溫加特提到了英國醫生約翰・斯諾

---

* 　譯按：簡稱 SRTM，是一個使用 NASA 的航太數據所構建的 DEM 數據集。被 GIS 和測繪等領域廣泛使用。

† 　譯按：在地圖學中是地圖和流程圖的混合體，用來表示對象從一地運動到另外一地，比如遷徙中人口的數目、貨物交換的數量，或是網絡中數據分組的數量。

（John Snow, 1813~1858）所使用的點狀密度圖（Dot density map），他利用統計方法，揭示了受汙染的水源和霍亂之間的相關性。斯諾在地圖上用一個一個的點標記了倫敦霍亂病例的位置，藉此顯示出許多病例發生在水泵附近。[20]

　　儘管了解這些地圖發展的根源相當重要，但數位技術顯然為地圖、製圖和資料視覺化提供了許多新的途徑。數位地圖能夠放大和縮小，所以它們可以作為各種歷史資料累積的平台。例如，一張城市地圖可以為使用者提供包括文本訊息和歷史地點的圖像。地圖也可以同時作為呈現不同研究成果的渠道。米納德在他的資訊圖表中也是這樣做的，但數位地圖並不會像平面的地圖那樣糾結在一起。虛擬地圖可以呈現第三維度，從而對過去提供一個更廣闊的視覺觀點。

從視覺證據到遠距離觀看

　　到目前為止，本章已經討論了地圖和繪圖，自一九九〇年代以來，它們一直是數位歷史學的核心。接下來必須討論的是：來自過去的實際視覺證據，如何促進和改變我們對歷

史的理解。如今，數位歷史學家可以存取手稿插圖、照片、
海報和藝術作品，但這些收藏品的數位化比率各不相同，有
時免費使用，有時只提供受限使用。由於許多原因，免費使
用和有限使用之間的界限也不盡相同。例如，可能因版權方
面的考慮，影響了圖像的可用性。在博物館藏品中，版權持
有者不僅限於藝術家，也可以是製作數位複製品的攝影師。

　　阿姆斯特丹的荷蘭國家博物館（Rijksmuseum），便是
提供視覺內容最著名的例子之一。收藏超過一百萬件藏品，
其中包括二千幅繪畫。荷蘭國家博物館在二〇一二年啟動了
一個非比尋常的計畫，讓十二萬五千張高解析度的圖片可為
人所用並可下載。此計畫預計每年增加四萬張圖片，直到
全部的館藏能夠在線上使用。用戶可以透過博物館自己的
Rijksstudio 的搜尋頁面瀏覽這些圖像，拍攝剪輯，並將其用
於研究和其他目的。在撰寫本書時（二〇二〇年五月），荷
蘭國家博物館提供的高解析度圖像已多達六十七萬六千六百
九十三張。[21] 這些收藏品是一個重要的窗口，不僅可以了解
荷蘭的過去，也可以了解整個藝術史。

　　而受限使用的收藏品對研究也很有幫助，因為它們

的後設資料通常可以在網路上找到。RMN 照片就提供了
一個很好的例子。RMN 指的是法國的國家博物館聯合會
（Réuniondes Musées Nationaux）。如今，RMN 照片還包括
國外的美術館，如馬德里的普拉多和愛丁堡的蘇格蘭國家
美術館。[22] 該資料庫包含了小型預覽圖片，允許用戶得以一
窺藏品，也可以按關鍵字搜尋。這個館藏數量龐大；搜索
關鍵字 *arbre*（樹），可以得到超過二萬二千張各種樹木的
圖片，包括從中世紀到現在的繪畫、素描、照片、雕像和許
多其他種類的物品。其中包括了十九世紀的一千四百多幅繪
畫。

除了 RMN 照片和阿姆斯特丹的荷蘭國家博物館之外，
眾多的國家和國際圖像收藏皆可掃描。世界各地的國家圖書
館已將文物和圖像數位化，許多典藏計畫向使用者提供視覺
內容，從美國記憶計畫到歐洲數位圖書館（Europeana）。
以後者為例，就包含了跨國收藏，如第一次世界大戰的新
聞影片、明信片和信件。僅電影收藏就多達二千七百二十
六部，堪稱是最全面的第一次世界大戰電影收藏之一。[23] 顯
然，這些館藏為研究設定了與文本材料不同的前提和條件，

但它們也為數位歷史學家提供了許多的可能性。

在列夫・馬諾維奇（Lev Manovich）的「軟體研究計畫」中，他和他的團隊處理了大量的圖像和影像收藏，包括法國印象派畫家的六千幅畫作，和現代藝術博物館攝影收藏中的二萬張照片。從歷史的角度來看，印象派的圖像收藏是相當全面的，因為它約占了一八七四年至一八八六年期間，所有印象派展覽中約百分之五十的油畫和粉彩畫。軟體研究計畫的實驗開始於提取特定特徵的想法，事實上，資料集當中有二百個特徵。這包括了色彩特色、對比度、形狀、紋理和構圖的某些層面。[24] 然後透過電腦計算將這些特徵降階成數字更小的維度，以便對圖像進行分組，從而將它們作為一個整體從遠處觀看。結果，他們發現通常與印象派有關的、色調較淺的圖像類型，在資料集當中的比重較小。正如馬諾維奇寫道：「至少有一半的圖像變成了相當傳統的、更典型的十九世紀古典繪畫（較暗的色調和暖色）」。[25]

馬諾維奇在他於二〇一五年出版的文章〈資料科學和數位藝術史〉（Data Science and Digital Art History）中介紹了

這個實驗。該文的實際目的是要闡明研究大型圖像語料庫（Corpora）的基本概念，借鑑資料科學，特別是考慮提取特徵（例如平均亮度及飽和度）可以為大型圖像資料集的數位分析提供些什麼。二〇一九年，泰勒‧阿諾德（Taylor Arnold）和勞倫‧蒂爾頓（Lauren Tilton）極力強調他們所謂的遠距離觀看。

> 我們認為，DH〔人文學科〕應該考慮我們所說的**遠距離觀看**——它是一種研究大型視覺材料集合的方法論和理論框架。遠距離觀看與其他方法的區別，在於表明了透過從圖像中提取語義後設資料的解釋性質。換句話說，大家在研究視覺材料之前必須先「觀看」它們。我們將觀看定義為一個人或一個模型所採取的具有詮釋性的行動，這是由視覺中的材料資訊傳遞方式所決定的。[26]

馬諾維奇並沒有使用「遠距離觀看」這個詞彙，但「遠距離觀看」正是他文章的目的：試圖追蹤機器觀看的含義，

以及如何用於數位人文學科之中。近年來，「遠距離觀看」也被其他研究者採用，[27] 這意味著大家對於圖像的電腦演算研究和文化分析愈來愈感興趣。在遠讀的案例中，要問的問題是：當機器「閱讀」一個文本時，它意味著什麼？哪些特徵必須透過電腦演算來提取？以及如何利用這些特徵來進行分析？無論是靜態的還是動態的，對於圖像的分析也是如此，何謂觀看？這就是阿諾德和蒂爾頓在其文章中所強調的：在對視覺語料庫進行探索性資料分析之前，有必要對視覺資料進行編碼。[28] 同時，重要的是要認識到有不同的流派和不同種類的圖像；因此，在詮釋時應考慮一些特殊的特徵。[29]

聲音和視覺

　　與前述討論相似，在數據科學中，已經有許多與聲音和視覺有關的研究，並不全然與數位人文學有關。自動語音辨識（ASR）是今天研究視聽材料的一個有用工具。它能夠提取語音並將其轉化為文本，然後用文本探勘工具（text mining tools）對其進行分析。*同時，自動語音辨識處理可用於製作音訊或視聽資源內容的數位索引，從而有助於強化現有的後設資料。

　　考量到檔案中存在大量聲音的素材，可以採用電腦演算的方式來增加它們的可用性，當然，也可以大規模地研究那些本來難以消化的資料。作為一個研究範例，在一九二〇年代末和三〇年代初有聲電影取得突破後，我們可以考慮將自動語音辨識應用於新聞短片上。這些新聞短片通常是用無聲相機（silent Camera）拍攝的，沒有在現場錄製任何聲音。旁白是後來在錄音間裡加上去的。新聞短片是一種文本驅動的視聽文化形式；因此，語音提取可能提供具有啟發性的結果。無論如何，聲音的品質和可能附加的背景音樂，都會使這項研究更具有挑戰性。另一個問題可能是，自動語音辨識在識別單詞時嚴重依賴語言模型。這看來似乎是對歷史語言模型的研究還不夠充分，從歷史學家的角度來看，識別過去的語言行為至關重要。不僅是語言，我們說話的方式或是發音都發生了巨大的變化。如果我們考量到虛構的材料，如一九三〇年代和四〇年代的敘事電影，對話可能還包括了不同

的方言和俚語。此外，聲音技術的品質和拍攝地點的聲音，使識別工作更加艱難。不過，能夠探勘和遠讀這些老電影內容的想法還是很誘人的，它將為過去幾十年間的想像力提供一條進入的途徑。有一些複雜的技術可以進一步改良這些方法，如聲音事件偵測（audio event detection）、語音活性檢測（voice activity detection）和語者自動分段標記（speaker diarization）[†]，這些技術可以幫助識別是誰在說話，甚至是在螢幕上看不到說話者的情況之下，還能將聲音與之連結起

＊　譯按：Text mining 有時也被稱為文字探勘、文字資料探勘等，大致相當於文字分析，一般指文字處理過程中產生高品質的資訊。高品質的資訊通常透過分類和預測來產生，如圖型識別。文字挖掘通常涉及輸入文字的處理過程（通常進行分析，同時加上一些衍生語言特徵以及消除雜音，隨後插入到資料庫中），產生結構化資料，並最終評價和解釋輸出。文字探勘方法包括文字分類、文字聚類、概念／實體挖掘、生產精確分類、觀點分析、文件摘要和實體關係模型。文字分析包括了資訊檢索與詞典分析來研究詞語的頻數分布、圖型識別、標籤／注釋、資訊抽取，資料探勘技術包括連結和關聯分析、視覺化和預測分析。本質上，首要的任務是透過自然語言處理（NLP）和分析方法，將文字轉化為資料進行分析。（參自維基百科）

144

來。[30]

最近正在探索的另一個領域是利用圍繞深度神經網路DNNs（Deep Neural Networks）[‡]的技術，對電影內容進行視覺分析。這包括諸如視覺特徵和面部表情提取以及視覺內容等研究策略，這些策略超越了視覺性，進入了視聽資料的多模態分析。[31]內容檢測器（content detector）的開發有助於識別大的視聽數據集當中的細節。如果研究項目的跨度較長，對電影內容的分析將可以得到當初原始的資料，例如關於這些作品中的環境、氛圍和文化器物如何隨時間變化而改變。

在對視聽內容的研究中，得要關注十九世紀以後不斷變化的科技：它們影響著這些文化產品如何用於數位分析，以及它們的傳播方式。早期的電影是用硝酸纖維素[※]來保存，這種材料非常脆弱且易燃。因此，許多早期的電影已經佚失，對它們的研究必須根據其他種類的資料，包括劇照、手稿、報紙廣告和評論。而醋酸纖維素[©]則更加穩定，並在第二次世界大戰後成為主流。幾十年來，世界各地的電影檔案館一直致力於保存這些副本，先是製作醋酸纖維素的複製品，現在則是製作 4K 甚至更高解析度的數位掃描檔。在一

† 譯按：「聲音事件偵測」是屬於計算聽覺場景分析相關的研究，專指將某個場景下的聲音訊號轉換成具體的事件描述的任務。這種技術可能的應用方向涵蓋了居家安全、醫療照顧等。「語音活性檢測」是一項用於語音處理的技術，目的是檢測語音信號是否存在。此技術主要用於語音編碼和語音識別。它可以簡化語音處理，也可用於在音頻會話期間去除非語音片段；可以在 IP 電話應用中避免對靜音數據包的編碼和傳輸，節省計算時間和頻寬。「語者自動分段標記」是根據每個說話者的身份將包含人類語音的音頻流劃分為均勻片段的過程。透過按說話人順序構建音頻流並結合說話人識別系統來提供說話人的真實身份，可以增強自動語音轉錄的可讀性。它用於回答「誰在何時講話？」的問題。

‡ 譯按：深度神經網路是一種判別模型，可以使用反向傳播演算法進行訓練。

※ 譯按：又名纖維素硝酸酯（cellulose nitrate），也稱為閃光紙（flash paper），通常由棉絨纖維和木漿等纖維材料浸入濃硝酸和濃硫酸混合液，或其他的硝化劑中製得，硝酸提供硝基，硫酸當作催化劑，纖維素轉換成硝酸纖維素和水，其反應稱為硝化反應。

◎ 譯按：Acetate cellulose 醋酸纖維素，也稱為乙酸纖維素、纖維素乙酸酯，是纖維素的醋酸酯，於 1865 年首次被發掘。醋酸纖維素在攝影中用於製造底片的片基，同時也是一些黏合劑的成分。醋酸纖維素也用於人造纖維。

九五〇年代錄影機問世後，許多其他的視聽產品技術也相繼推出。在一九八〇年代，Betamax 和 VHS 技術主導了消費市場，但也有其他格式，如 Video 2000 和 U-matic。在一九九〇年代，CD、雷射光碟和 DVD 相繼出現，隨後在二〇〇〇年代出現了藍光光碟和串流媒體服務。在這個時期，解析度也發生了變化，從高清（HD）到超高清（UHD），從 2k 到 4k 甚至 8k。對於對視聽內容感興趣的數位歷史學家來說，這一系列的歷史技術成了一項挑戰。電影檔案館已經為這些物件製作了數位拷貝，但還有許多問題需要解決，例如在使用自製的電影時，它們仍可能是以其原始格式保存。

視覺性、文本性和後設資料

在本章的結論，我想回到視覺性研究中的另外兩個值得關注的問題，並提醒我們這與文本性研究的密切性。第一個問題是，本書中提到的數位化專案的主導部分其實是以圖像為基礎的。數位化的書籍、期刊和報紙都是來自於圖像形式收藏，因為印刷材料也是如此。首先掃描成圖像，然後才用

光學字元辨識來識別文字。例如，這意味著所有的報紙庫基本上都是報紙圖像的集合，儘管這一點很少被強調，因為大多數研究方法都強調應用了光學字元辨識的文本。然而，這些資源中還有很多其他的可能性。文本性並不是視覺性的對立面，文本本身就是視覺實體，包括顏色、字體類型、字體大小、間距和許多其他布局的元素。僅舉一個可能的主題，例如，可以根據掃描的材料來探討頭版的歷史變化。頭條新聞是如何隨時間變化的？有多少個欄目？圖畫和照片何時首次出現在封面上？如果在歷史背景下分析，廣告的角色是如何轉變的？除了實際的掃描圖像外，還可以透過後設資料來處理視覺性。通常 XML 檔案會包括有關視覺內容的資訊，如文件上的文字和圖像的內容和物理位置。這些數據將幫助研究者找到在報紙和雜誌上曾出版過的圖畫和照片。

　本章的最後一個問題是在另一種意義上對後設資料進行討論。所有的圖像數據庫都包含每個物件的後設文本訊息。這種數據的品質當然存在差異，但它會以多種方式提供資訊。讓我們以藝術博物館的線上資料庫為例。莫斯科的特列季亞科夫畫廊（Tretyakov Gallery）擁有世界上最著名的收

藏，包括超過十八萬件藝術品。其線上收藏包括了藝術家和
畫作的名字，藝術品的尺寸和作品使用的技術。[32] 這些都是
標準的細節，但它們為研究者提供了探索藏品比例的選項，
例如特定的技術如何隨時間變化。有些資料庫包含了更多詳
細資訊。本章前面已經介紹過的一個例子，關於歐洲藝術
的最全面的資料庫之一是法國國家博物館的 RMN Photo，
它成立於一九四六年，是法國文化部授權的一個商業機構。
它最初的想法是推廣法國國家博物館的收藏品，並正持續
履行這項使命；它也提供一些外國藏品的線上查詢。今天，
它包含了近八十萬張收藏在國家和地方博物館的藝術品照
片，其中包括羅浮宮、奧賽博物館、龐畢度中心、香提堡
的康得博物館和里爾美術宮。所有這些圖像都可以線上查
詢，但高解析度的副本只能另外購買。[33] 每個文物的後設
資料都提供了更多的細節，包括關鍵字。例如，畫作《波
林》（Pauline），為讓－約瑟夫·塔亞森繪（Jean-Joseph
Taillasson, 1745~1809），附有識別碼（91-002122）、庫存
編號（INV8081）、時期（十八世紀，現代）、技術和材料
（布面油畫）、地點（巴黎，羅浮宮）、照片來源（RMN-

Grand Palais, Musee du Louvre/Christian Jean）、數位圖像的尺寸（本例為 10535×8192 像素）以及與畫作內容有關的關鍵字。這幅作品描繪了一個暈倒的人物，波林顯然是這幅畫的主人公。透過「暈倒」這個關鍵詞，使用者可以找到其他暈倒的圖片。資料庫顯示，RMN Photo 中還有十八世紀的其他十七幅暈倒的圖片。此外，該資料庫還收入一百七十八件描繪暈倒的藝術品，其中大部分是油畫，但也有照片、紡織品、鉛筆畫、水墨作品等等。這個例子本身只是細讀的一個案例，但如果可以分析整個資料庫，它將為藝術的發展提供一個特殊的視角，同時也允許其他類型更加具體的研究設定，如昏厥的歷史。

可以透過後設資料來有效地處理視覺和聽覺資料，這就需要將數據庫作為資料轉儲來查詢。網路電影資料庫（IMDb）是最全面的國際電影目錄之一*，它因其不完整

---

* 譯按：網路電影資料庫開辦於一九九〇年，是一個關於電影演員、電影、電視節目、電視藝人、電子遊戲和電影製作小組的線上資料庫。

和不準確而受到批評，但其最大的好處是它真正涵蓋了跨國和跨洲，不僅包括過去製作的電影，也包括正在準備的新作品。IMDb 成立於一九九〇年，是一個以電影迷為基礎所創辦的企業，但如今它是亞馬遜的一個子公司，提供大量關於電影、電視節目和電玩遊戲的內容。截至二〇二〇年一月，它包括六百五十萬個作品標題，包括電視連續劇的分集，以及一千〇四十萬個人物條目。對於研究人員來說，這些數據大部分能開放查詢，這一點很有價值。IMDb 提供七個不同的數據集，每天都會更新。[34] 這些資料已經被用於面向歷史的研究，例如包・麥卡迪（Bo McCready）將一九一〇年至二〇一八年期間電影類型的流行程度給視覺化，並描述了從動作片到西部片的十二種類型之發展。[35] 這顯然只是我們能做得到的表面一小部分而已，該資料庫可用於分析演員、導演和其他製作人員的網路；透過連接電影名稱和製作國家來分析人員的流動；在跨區域和全球層面上的生產量變化等等。對於電影學者來說，這也提供了一窺未來的可能性，因為該資料庫還包括正在進行的製作。當然，這個關於 IMDb 資源的簡述，只是眾多寫作選擇中的一個視聽歷史的選項。

它以後可以與其他資料庫聯合，其中包括國家電影院和電視廣播的更多資訊。最後，有愈來愈多的電影和電視節目可以用數位格式觀看。[36]

　　在二〇〇〇年代，視覺化的數位技術一直以來都是個不斷擴大的研究和發展領域。視覺設備滲透到我們現在的世界，從數位相機和行動電話，到 UHD 電視機和高解析度顯示器。在我們如何自娛自樂，如何表達我們與周圍世界的關係，以及如何控制和監管生活方面，這些技術的使用占據了核心地位。近幾十年來，視聽文化經歷了一場變革，從類比電影院到 4K 數位電影院，以至於硝酸鹽和醋酸纖維素的電影膠卷需要特殊的處理和舊的技術才能放映。今天的消費者比以往任何時候都能更常製作視覺和視聽內容，他們在社群媒體上分享，並在他們的私人硬碟以及雲端服務中保存更多的檔案。可以肯定的是，未來幾年將會有新的洞察力、方法和應用，讓我們能夠以視覺化的方式和以視覺文化遺產為基礎來詮釋歷史。

第四章

科際整合：研究的挑戰

　　大量的資料可以為數位歷史學家所用。正如前面的討論所顯示，隨著更多的材料變得容易獲得，同時也必須考慮許多啟發式的和資料考證的觀點。而一個主要的挑戰是大型數據集的使用。因此，數位歷史學常常成為跨學科的工作，並採取合作和分工的協作研究形式。需要跨越學科邊界，不僅是因為有複雜的問題需要解決，還因為在其他研究領域，這種通用工具已經或可能已經被開發出來，並在其他脈絡下得到了實際的應用。數位歷史學家根據他們對歷史問題的興趣來思考他們的研究工作，但可能需要採用來自不同學科和其方法論所得出的專業知識來解決問題。若無法利用其他學科

群體及其中不同研究範式的發現，就太令人惋惜了。

　　數位歷史學並不是單獨面對這項挑戰。誠然，世界一直都很複雜，但我們愈來愈意識到我們所面臨的全球危機，這更進一步強調了跨學科工作的必要性。布魯諾・拉圖爾於一九九一年以法語出版了《我們從未真正現代》（*We Have Never Been Modern*）一書，在這本引人注目的著作中，他從描述一份報紙如何描寫我們周圍的世界，進而開展他的分析。他觀察到化學反應和政治反應似乎交織在一起：在當今世界，人類和非人類的因素是密不可分，拉圖爾觀察到臭氧層破洞擴大所帶來的威脅就體現了這個事實。自然並不是能夠從人類行為和文化中分離出來的東西。[1] 臭氧層問題在一九九〇年代引起了激烈的公眾辯論，今天我們可以看到，這最終有可能改變消費模式，影響工業和決策者，並透過這些手段避免臭氧層災難的發生。這一積極的結果只是證實了一個事實：人類和非人類的能動性（agency）是聯繫在一起的。

　　如今，我們面臨著新的挑戰，如氣候變遷和全球暖化，地球上的生物多樣性減少，以及與更大的框架有關的政治不

穩定。從這個角度來看，就很容易理解這樣的批評：西方學術界的根基與現今世界完全不同。我們如何才能改變大學，使其同時具有彈性和韌性以應對這些挑戰，並同時對自己的長期角色保持堅定和決心，作為嚴肅研究搖籃，促進對學術問題的深入研究，從而擴大我們對世界的認識，即使這些成果在今天並沒有明顯的作用？雖然像全球暖化這樣的問題不能只透過一個學科的手段來解決，不過，顯然這些問題並不意味著個別學科的思維會過時。

超越學科性

長久以來，對克服學科邊界的興趣一直是科學、藝術和人文的一部分。有許多詞彙來描述學科糾纏或交織的多種方式。學科內（*Intradisciplinary*）指的是只在單一學科內進行的學術工作。而跨學科（*Crossdisciplinary*）則是指為促進學科相互之間的理解而做出的努力。多學科（*Multidisciplinary*）工作則更進一步，其目的是將來自不同學科背景的研究人員聚集在一起，專注於一個共同的議

題，讓所有成員能夠具有創造性地發揮他們的特殊知識和技能。在科際整合（*Interdisciplinary*）的環境中，有著更加宏大的目標，研究人員試圖整合不同學科的知識和方法，為手上的計畫建造一個無所不包的工具箱。更進一步說，超學科（*Transdisciplinary*）是科際整合工作的一種形式，它更加不滿足於學科的前提。雖然超學科思維仍然承認學科的作用，但由於它是整合的，或者說是「介於兩者之間的」，而超學科研究要解決的挑戰是超越學科邊界和視角，為研究創造一個更大的知識框架。[2] 朱莉・湯普森・克萊因（Julie Thompson Klein）在其《科際整合的數位人文》（*Interdisciplining Digital Humanities*）一書中把這個想法具體化為：「超學科性透過與新概念框架或範式的全面綜合，超越了學科世界觀的狹窄範圍。」[3]

　　根據當前在「數位歷史學」標題下的研究和教育，我們似乎可以認為數位歷史學主要遵循科際整合和超學科的出發點。在科際整合的情況下，學科的專業知識對於實現目標是必要的，但只有當各學科將它們的力量整合起來，這種努力才能實現。同時，對於數位人文科學來說，也許比數位歷史

學更需要長期的跨學科戰略，才能夠教育出一代跨越學科思維藩籬的學者。這兩個結論都是正確的，因為科際整合工作的範圍、類型和目標各不相同。毫無疑問，我們可以想像這樣一個未來：人工智慧已經滲透到學術工作中，以至於資料科學已經成為一種後設科學，成為任何一種研究中的重要組成部分。在這種情況下，資料科學脫離了學科範疇，並且在一般層面上必須整合在研究人員的訓練中。因為科學總是處於一種熵（entropy）*的狀態：新的研究領域不斷出現。但也許我們需要超學科的中心和樞紐來設想新的研究路徑。

最後，一切都取決於如何定義科際整合的範圍、類型和目標。胡托涅米（Katri Huutoniemi）、克萊因、布魯恩（Henrik Bruun）和胡基寧（Janne Hukkinen）在他們二○一○年的分析當中，闡述如何在具體研究計畫的選擇中得到科際整合性，並在三個面向逐項說明。[4] 對他們來說，「範圍」

＊　譯按：最初是熱力學名詞。作為統計力學名詞，指系統無序性的一種度量。等於波茲曼常數乘以系統熱力學狀態所對應的微觀狀態數的自然對數。也可以用來指稱混亂程度的度量，此處應該是在比喻其不斷分裂增生的狀態。

指的是在學科的交匯中,將什麼內容整合到特定的計畫之中。一個計畫中的科際整合性很少是全面性的,多是縮小到幾個領域當中。第二個面向是科際整合的「類型」,即關注研究最終將如何實現,「不僅是在研究問題的框架和協調各領域之間的知識流動,而且也關注研究的執行,和研究結果的制定和分析。」[5] 第三個面向是強調科際整合中實際「目標」的重要性,也就是為什麼要進行科際整合研究,研究人員又如何闡明這些目標?[6]

在他們的文章中,胡托涅米等人堅持這些科際整合工作目標在性質上是不同的:有些計畫是出於獲得更深入知識的興趣,而其他專案則有更實用,也許是非學術性的議題。不僅是數位人文學科,這是任何研究都會有的特點,但這篇文章提出了一個重要觀點,即承認這些目標及其表述是可以分析和評估的。然而,就數位人文科學而言,當銘記在心的是科學方針有著更廣泛的面向,而這已超越了目標問題。無論是國內還是國際上,資助機構、研究計畫和大學的策略主導了大多數的研究活動。這都可以視為對研究自由的威脅。特別是在學科研究的資金正在減少的情況下,如果研究者必

須透過與其他領域的合作來證明自己工作的合理性，那會發生什麼？林雨薇（Lin Yu-wei）在二〇一二年表達了這一觀點，她強調「國家和國際研究資助委員會愈來愈強調人文學科的研究應該要像自然科學和工程領域那樣，參與數據密集型和以證據為基礎的學術活動」。[7] 這種擔憂是可以理解的，而且可能也有其道理。不過，難以有證據表明，跨學科或與數據密集型研究領域的接觸，會自動轉化為人文科學的損失。科際整合性從來都不是一條單行道。它是一個相互交流的過程，在這個過程中，人文學科的觀點也可能會影響其他學科的研究人員。隨著當今世界訊息技術和數位設備無所不在，在資料科學和工程等領域的研究中，歷史學家和其他人文學科研究者的參與就顯得更加迫切。

跨境交易（科際整合間的交流）

科際整合性並不是各部分加總那樣簡單的計算操作。在最有成效和最有價值的案例中，它使我們獲得了原本不可能得到的觀察。在研究中，一門學科的發現往往適用於另一門

學科的脈絡，從而獲得突破。嘗試在研究方法和研究策略上跨越學科邊界，這樣的試驗是有可能實現的，而且是具有建設性的。由克拉科夫師範大學、波蘭科學院和韓國蔚山國家科技學院的研究人員在有機化學領域開展的一個計畫，就是一個有趣的例子。其出發點是「大量不同分子及其碎片在化學反應中發揮作用」這一重大問題。其目的是試圖理解為什麼某些原子群傾向於保持在一起，而排斥其他一些原子群。研究人員決定使用語言工具來比較化學單位，並將複雜的分子分解成「有意義的」子結構。之後，他們運用了文本探勘工具，特別是主題建模，對這些子結構進行聚類。這只是一個實驗，但最終他們得出結論，語義資訊可以「使用文本探勘演算法從化學語料庫中提取」。[8] 在這種情況下，數位人文科學中開發的工具可以用來解決自然科學中的問題。對於這個想法來進行實驗，只關乎於想像力和勇氣。

另一個不同研究領域如何相互受益的例子，是由國家生物技術資訊中心開發的軟體 BLAST（基本局部排列搜索工具），乍看似乎是沒有什麼共同點的領域。BLAST 可以找到生物序列之間的相似區域，並可用於比較如核苷酸和蛋白

質序列。這是一個所有生物資訊學研究人員都知道的軟體。
然而，該軟體本身的性質是通用的：它檢測相似的序列，並
可應用於其他類型的序列，並且不一定是生物序列。在圖爾
庫大學（Uniersity of Turku）最近的一個計畫中，BLAST 被
運用於一項舊報紙文本重用的研究，其中包括光學識別文本
中的許多錯誤，主要是因為芬蘭十九世紀的報紙使用了光學
識別軟體難以處理的哥德式字體。BLAST 的建立是為了容
忍錯誤和異體，因此可能有助於識別混亂材料中的相似性。
在該項目中，每個字元都被編碼為一個胺基酸，然後透過
BLAST 對整個語料庫進行運算。最後，從五百一十萬頁的
語料庫中檢測出六千一百萬個相似性的結果，這些結果被聚
類為重複鏈。[9] 結果使得其他研究人員能夠查詢這個文本重
用資料庫。[10] 如果研究小組中沒有生物資訊學專家，就不可
能出現這個意想不到的方法學解決方案，但它的基礎是首先
得要有一個科際整合的研究小組。此外，必須補充的是，方
法和研究問題始終是相互關聯的。首先要確定一個需要科際
整合解決方案的問題，但同樣重要的是，要注意到這些因科
際整合所激發的團隊想像力，而找到新的、富有成效的研究

問題，否則它們可能會被忽略。

科際整合的工作往往需要共享空間。派翠克‧斯文森（Patrik Svensson）針對空間在數位人文學科中的作用發表了很多文章，包括具體的地點和抽象的空間性，這對數位歷史也具有啟發意義。他將數位人文學科描述為一個交易區（Trading Zone），一個人與人、思想、工具和方法可以交流的聚會場所。[11] 在這個意義上，BLAST 的應用就是一個實踐了「交易」和「聚集」的結果。然而，合作並不總是那麼和諧。斯文森提到了瑪莉‧路易斯‧普拉特（Mary Louise Pratt）的接觸區（Contact Zone）概念。根據普拉特的說法，文化經常「在高度不對稱的權力關係中」相遇。接觸區作為一個交流的平臺，可能是不平衡的和等級化的，並不一定會走向貿易或相互交流。[12] 例如，在其中一方不承認另一方的前提下，或者不願意就基本概念進行談判時，就可能發生這種情況。馬克斯‧凱曼（Max Kemman）指出，「學科間的合作往往存在著知識不對稱。」[13] 他提到了一個計畫，在這個計畫中，「歷史學家不知道電腦科學家將如何執行他們的任務，因此，他們沒有能力去討論出一個能夠令他們滿

意的工具。凱曼在他二〇一九年的研究報告《數位歷史學的交易區》（*Trading Zones of Digital History*）中，進一步詳細地討論了這個問題。他以自己對廣泛來源材料之研究為基礎，包括線上調查、訪談、他自己對於歷史學家在二〇〇八年至二〇一七年間發表的一萬多篇部落格文章的觀察，並進行了 LDA 主題模型分析＊。他在結論中指出，數位歷史學計畫中存在一種不確定性，一方面來自於歷史學家對如何使用演算方法的猶豫不決，另一方面則來自於資料科學家對其方法論工具箱如何與歷史數據集相匹配的不確定性。凱曼的分析揭示了解決這些問題的不同方式：一些歷史學家，他稱之為「數位歷史學經紀人」，能夠將交易區作為一個創造性的空間，與不同的群體，包括政策制定者進行協商。然而，在

＊　譯按：主題模型主要在機器學習與自然語言處理領域中，用來在一系列文本萃取抽象主題的統計模型，在真實情況中，一個文本通常包含多種主題，而且每個主題所占的比例不相同，因此如果某一篇文本有百分之十與狗有關，百分之九十與貓有關，那就貓相關的關鍵字的出現比率，大概會是狗相關關鍵字的九倍，所以藉由主題模型來分析每個文本內字詞，再根據統計訊息來推測該文本的可能主題。https://hackmd.io/@WangJengYun/LDA

宏觀層面上，交易區的解決方案尚未改變研究的行為。[14]

邁向科際整合的實踐

在任何科際整合的探索中，不確定性的問題都是至關重要的。造成這種感覺的原因之一，無疑是學科之間的張力以及學科內部的壓力。正如林雨薇所指出的，學術界面臨著打破界限的巨大壓力，而甚至有指定的資金用於這類計畫。然而，研究者對其工作的熱情和承諾可能會受到背景的限制：他們來到這個領域且完全投入其中，並專門從這個角度完善自己的技能。因此，他們在其他領域可能會超出自己的舒適圈。研究中的許多關鍵概念都與其學科相關，其本身就具有價值。我們只需注意到，自一九八〇年代和九〇年代以來，文化和性別研究等領域對人文學科產生了多麼深遠的影響。比如說，致力於發展文化和性別的概念是相當富有成效的。這只是說，優秀的研究可以從學科和科際整合的角度出發。

然而，數位歷史學不是一門學科；它是史學方法的一個分支，也可以是一個科際整合的入口，在那裡研究者必須進

入交易區。這個入口可能會對個人的學術認同引發質疑，或
者至少會強調自己多年來獲得的技能和知識。這引出了幾個
問題。個人的技能和知識的邊界在哪裡？要發展專長到什麼
程度，才能更適應跨學科的挑戰，以及個人如何融入更廣
泛的合作，特別是當這個人的學術背景，在傳統上是個孤獨
的事業？面對這樣的問題，會感到不確定是很自然的，但所
有參與者的情況都是一樣的。在打開科際整合交流之門後，
有個可能奏效的策略，那就是努力使自己更加意識到所有研
究領域所包含的那些透明的、通常不明確的做法。很少有歷
史學家真正闡明他們實際上如何處理他們的資料。他們在檔
案館或打開一本書時，所進行的第一個步驟是什麼？同樣的
問題也可以問問資料科學家。對一個數據集的基本做法是什
麼？成功的跨學科工作必須要去確定這些未闡明的步驟是什
麼。這些習慣性的過程是由傳統所延續下來，並由學術課程
所培養，很少能夠用幾句話來囊括。如果我們了解我們是如
何工作的，我們就能更理解大數據和其他數位資源的合作，
將會把我們引向何方。

第五章
在數位時代呈現過去

　　自一九九〇年代初以來，數位歷史學的核心在於努力利用資訊技術所創造的機會，不僅用於研究歷史，並且在課堂上和在一般大眾面前展示歷史。科恩和羅伊‧羅森茨威格於二〇〇六年出版了《數位歷史學：在網路上收集、保存和呈現過去的指南》（*Digital History: A Guide to Gathering, Preserving, and Presenting the Past on the Web*）一書，其導論中提到此書的出版是為了因應網路上歷史內容的巨大擴展。「事實上幾乎每一個歷史檔案館、歷史協會、歷史建築和歷史遺址（即使是最小的）都有自己的網站。每一個重演團體、家譜協會和歷史愛好者團體也都是如此。」[1] 從一九

九〇年代初到二〇〇六年的變化確實很大：數位資源成倍增加。同時，歷史學家對資訊技術的運用也已成為理所當然的事，或至少是個不可忽視的層面。

本章重新回到數位歷史學家對於使用數位工具來呈現過去的興趣。繼續討論數位歷史學作為大眾的歷史，並關注於資料視覺化的可能性。本章的最後將談到被稱為擴增和混合實境的技術，和它們能夠為數位歷史學家所發揮的潛力。

面向大眾的數位歷史學

自科恩和羅森茨威格二〇〇六年的書籍問世以來，資源已經進一步擴大，以至於不可能就現有的歷史資源和服務編寫一本指南書。如果說在全球資訊網的初期，網路使用者必須熟悉 HTML 程式碼才能開始製作自己的歷史計畫網頁，如今，有 WordPress＊、Blogspot 和其他服務提供了易於使用的模板，因此產生了大量的內容。

近幾十年來，提供後設資料和歷史材料的資料庫誕生了，從考古發掘到古代和現代經典，以及其他眾多主題。例

如，劍橋大學和烏梅亞（Umeå）大學的研究人員，於二〇
一〇年將他們關於拜占庭帝國所屬猶太人社區的研究結果，
作為一個開放給其他學者和大眾的資料庫。[2] 另一個有趣的
專案則是托格特的德州奴隸制計畫。該計畫始於二〇〇七
年，研究了自一八二〇年至一八五〇年間，美國奴隸制在美
國和墨西哥邊境地區的傳播。除了描述德州被奴役者和奴隸
主人口流動的動態地圖，它還提供了一個人口資料庫，讓使
用者能夠在奴隸制的歷史上有所發現。[3] 托格特的資料庫從
一個博士論文計畫中發展出來，並深化為一個數位平台，可
供教師、學生和其他研究人員查閱。[4] 它成功地結合了數位
和大眾歷史。德州奴隸制計畫是個自下而上的計畫，源於為
發展中的數位資源領域作出貢獻的熱情。這方面的例子不勝
枚舉，讓我們以其中之一為例，該計畫始於二〇一五年和二

＊　譯按：WordPress 是一個以 PHP 和 MySQL 為平台的自由開源的
　　部落格軟體和內容管理系統。WordPress 具有外掛程式架構和模
　　板系統。截至二〇一八年四月，排名前一千萬的網站中超過百分
　　之三十點六使用 WordPress。WordPress 是最受歡迎的網站內容
　　管理系統。

〇一六年在哥倫比亞國立大學的一群大學生。這是大學數位歷史和中世紀歷史課程的成果，他們建立了一個名為洛倫澤蒂數位（Lorenzetti Digital）的網站，發布了佛羅倫斯藝術家安布羅喬‧洛倫澤蒂（Ambrogio Lorenzetti, 1290~1348，義大利西恩那派畫家）所繪之壁畫的圖像和分析。在這裡，數位歷史似乎是一種融合文字資訊與視覺性，並透過網路展示歷史知識的努力。[5]

顯然，數位歷史並不只存在於網際網路上，因為歷史學家在他們作為教師和公共講師的工作中也會用到資訊技術。特別是在二〇〇〇年代，數位投影機就像是旅行中的歷史學家最親密的朋友。近幾十年來，PowerPoint 一直是會議和課堂上最受歡迎的個人簡報工具。PowerPoint 的第一個版本於一九八七年推出的，用於製作高投影透明膠片（overhead transparencies），但透明膠片的時代很快就過去了。在一九九〇年代初，大學仍使用三十五公釐幻燈片的投影機，但逐漸被數位投影機所取代，以電腦來呈現簡報。最後，一九九二年 PowerPoint 的第三個版本引入了影像訊號的輸出，從而使數位幻燈片成為可能。[6] 對於數位歷史學家來說，這引入

了將文字和地圖、靜態和動態圖像納入講課內容的可能性，課堂歷史有了多模態的特徵。鄭尤金（Eugene Ch'ng）和文森・加夫尼（Vincent L. Gaffney）指出，「視覺化技術提供了可激發臨場感的強大工具。」[7] 誠然，數位歷史學不僅可以給觀眾「身歷其境的存在感」，也是一種改變歷史認知方式的感官體驗。

資料的視覺化

對於史學家來說，在視覺世界裡能夠使用與我們的時代同樣的語言愈來愈重要，也就是說，無論主題是什麼，都能夠用視覺術語來解釋研究結果。視覺化是一種組織和分析資料的策略，無論是視覺的還是非視覺的，而它也是一種展示結果的策略。借鑑自數位人文學科的歷史，這在莫雷蒂的遠距離閱讀理念和他的文學史方法中已經討論過了，而這又對二〇〇〇年代的數位學術產生了深刻的影響。因此，本章將先討論學術背景下的視覺化問題，然後繼續考量視覺和視聽技術的運用方式。這些都是探討透過數位技術呈現過

去的議題。

對莫雷蒂來說，視覺化是綜合這些透過計算方法得出之觀察結果的一種手段，正如他在二〇〇五年出版的《圖形、地圖、樹狀圖：文學史的抽象模型》一書中的論點：「刻意的簡化和抽象化」是必要的，受到其他研究領域的啟發，他從「量化歷史學中提取圖表，從地理學中提取地圖，從進化論中提取樹狀圖」。[8] 當然，圖表一直是使用量化方法的經濟和社會歷史學家之工具箱的一部分。這個論點以及借鑑統計學專業知識的需要，在一九六〇年代和七〇年代的歷史學家中特別流行。在這個意義上，許多量化歷史學家可能會覺得，早期傳統和新的數位歷史學之間存在著一種密切的關係。然而，對莫雷蒂來說有些是不大相同的，特別是他對理解統計學在抽象概念的應用。

對於數位歷史學家來說，由於需要評估手頭上的資料，統計工具早已不可或缺。問題出現了：該要如何描述將要用於研究的資料集之比例，如何向受眾清楚地說明這些資料？在大數據的研究中，研究人員可能必須先描述數據集的數目。例如，在文本語料庫的情況下，這涉及多少字元、

字數、行數、頁數、問題或書籍；數據集中的單詞頻率；
以及最常見的單詞搭配，也就是資料中往往共同出現的單
詞序列。[9]這些部分就能幫助讀者迅速掌握資料的規模和品
質。這並不要求視覺化，單以文字和數字的形式就能夠好好
地呈現出來。有一些易於使用的工具可用於計算這些屬性，
例如 AntConc 就是一個用於文本語料庫分析的免費軟體工
具包。[10]而視覺化也有一些可以輕鬆測試的開源程式。其
中最受歡迎的是 Voyant Tools＊，這是個基於網路的文本分
析和視覺化的開源應用程式。[11]為了說明這一點，本章中
的所有詞彙都上傳到 Voyant 工具中，以即時顯示詞彙頻率
（見圖 3）。到目前為止，本章使用了四百八十六個不同的
單詞，最頻繁的是「歷史（history）」（十八次）和「數位
（digital）」（十七次），這並不令人驚訝。它還提供了一
個文字雲（word cloud），可以根據列出的單詞數量縮小放

＊　譯按：Voyant Tools 支援文本或語料庫的學術閱讀和解釋，尤其
　　是數位人文學科的學者，也支援學生和公眾的閱讀和解釋。它可
　　用於分析線上文本或使用者上傳的文本。

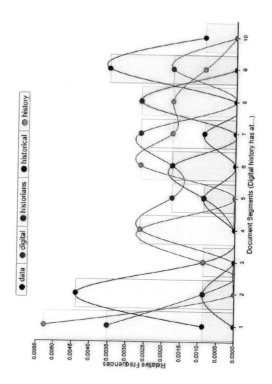

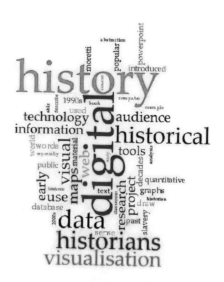

圖 3　本章開頭文字的視覺化。來源：Voyant Tools

大。下圖以雲的形式顯示了二十五個最常見的詞，而上圖則顯示了五個最常見單詞的相對頻率以及它們在文件中的趨勢。例如，看起來「歷史」這個詞在文本開頭的使用顯得更加重要。

　　這些圖片說明了這篇短文，而圖表僅僅只觸及了表面。更重要的是，視覺化技術可以成為研究策略的一部分，也許是提煉出新的資訊，也可以與細節保持距離，但它們同時也為讀者和觀眾服務。Gephi 是數位人文學科的研究者中非常受歡迎的軟體，它是一個開源的開發工具，能夠讓使用者創建圖形和網絡。它包括幾種應用的方式，例如用於社會網絡的分析，研究物件之間關聯的基本結構，以及為海報和其他簡報生成可列印的地圖。[12] 例如，在研究十九世紀的報刊時，Gephi 被用來探索報紙如何相互分享內容，以及這種分享的強度如何將報紙在一個網絡當中聯繫起來。有趣的是，這個網絡隨著時間的推移發生了很大的變化，可以透過繪製不同時期的 Gephi 網絡圖來描述這種變化。[13]

　　斯特凡‧耶尼克（Stefan Jänicke）等人於二〇一五年透過分析學術界的研究論文，對視覺化技術進行了研究。首

先，他們注意到自二〇一一年以來，視覺化的作用呈上升趨勢。[14] 其次，他們指出，視覺化的問題不僅僅是源自遠讀的想法，而是數位時代的人文學科也似乎將視覺化技術囊括其中，更可視為精讀的演示。這些精讀技術試圖專注於細節，並將研究結果加以視覺化，包括強調顏色和字體大小以及字形的使用，和表明細節之間聯繫的目的。視覺化的遠讀技術則強調結構，並繪製熱點圖（Heat map）*、標籤雲、時間軸、地圖和圖表。前一種技術經常用於單一文本或相似文本的分析，而在後一種情況下，研究往往涉及大型語料庫，其中空間和時間方面也必須在視覺化中得到體現。[15] 文章進一步指出，數位人文社群「在 HTML、JavaScript、SVG 或 GIS 等標準技術的幫助下」創建了視覺化，但現有的工具箱經常用來「將文本資料轉化為視覺隱喻」。[16] 這些工具包括了 D3、Prefuse 和 ManyEyes。[17] 而 Gephi 是最受歡迎的圖表工

---

* 譯按：熱點圖是一種資料視覺化技術，在二維空間中以顏色的形式顯示一個現象的絕對量。顏色的變化可能是透過色調或強度，給讀者提供明顯的視覺提示，說明現象是如何在空間上聚集或變化的。熱點圖有兩種完全不同的類別：聚集熱圖和空間熱圖。

具之一，而 D3、Neatline 和 GeoTemCo 是最受歡迎的地理地圖。[18] 其他工具還包括 InfoVis、FeatureLens 和 TextArc。[19] 自二〇一五年進行這項調查以來，可用的函式庫和軟體已經變得更多了。許多訊息豐富的、精心策劃的網站推出了有用的研究工具，其中有許多可用於視覺化。[20] 這些都表明了在數位人文領域，當然也包括數位歷史領域，對於視覺化的需求，這不僅是研究過程的一部分，還包括如何向受眾展示成果。

呈現隨時間推移的變化

　　從如何呈現過去的角度來看，前述關於視覺化的討論是相當有限和偏向技術性的。雖然對數位歷史學家而言，數據集的視覺化對於交流其研究成果是很有價值，但尤其是在為觀眾呈現總體歷史解釋的時候，尋找能夠將時間的變化給具體化的解決方案也同樣重要。如何勾勒出隨時間推移而發生的漸進變化？

　　數位人文學科中開發的許多工具，都是為統計呈現或描

述歷史上某一特定時間點的事態而量身訂做。因此，許多歷史調查都以圖表來顯示研究主題在時間軸上的發展。也可以將調查結果作為數據庫發布，其中使用者可以調整時間框架，並透過這些方式研究不同時間點之間的差異。

影像展示也用於視覺化變化。病毒文本計畫（Viral Texts）發布了幾個線上影像，展示了某一特定文本如何透過十九世紀美國報紙的再版而穿梭時空。例如，該計畫包括一個關於查爾斯‧麥凱（Charles MacKay）的一首詩〈調查〉（The Inquiry），在內戰前的報紙上傳播的影像[21]，以及查爾斯‧迪金森（Charles M. Dickinson）的流行詩歌〈孩子們〉（The Children）的病毒式傳播，〈孩子們〉這首詩一出現就被認為是查爾斯‧狄更斯（Charles Dickens）的作品[22]。而「十九世紀早期歐洲的病毒文化計畫」則發布了一段關於弗朗茨‧李斯特（Franz Liszt）一八三九年至一八四七年期間在歐洲巡迴演出的影像，[23] 而英國 YouTuber 奧利‧拜（Ollie Bye）則發布了幾段關於歷史的影像，甚至是把整個世界歷史壓縮在十九分鐘內的影片。[24] 在所有這些案例中，時間和空間都密不可分地糾纏在一起，而時間的進程

則視覺化為地理地圖上不斷變化的覆蓋層。這些大型影像視覺化的一個問題，可能是它們傾向於以線性方式來呈現時間性，作為從一個時間點到另一個時間點的直接發展。

影像通常是透過濃縮時間尺度來模擬時間的進程。當然也可以嘗試將時間性轉化為空間維度，在不同的時間線應用中都是如此。為此，西北大學的奈特（Knight）實驗室開發了 TimelineJS，這是一個開源工具，使用者能夠建立互動的時間線。透過網站介面，使用者可以將自己的資料新增為谷歌試算表或 JSON 文件，而 TimelineJS 會產生一個網頁，顯示一個包含附加文本、圖片、影像和任何使用者想要添加之內容的時間軸。該軟體有六十種語言的版本，已被世界各地的主要媒體公司，從法國的《世界報》到 CNN 所使用。[25]

時間軸的應用易於使用，但也值得認真關注。在今天的歷史研究中，不同的、重疊的時間節奏問題已引起愈來愈多的興趣。[26] 如果以時間軸的形式來呈現過去，它的重點必須得到明確的解釋，因為過去的發展從來都不是只有一條時間軸，歷史是由同時存在的多個時間軸所組成的。

擴增和混合實境

　　前述的例子也包括了各種大眾的歷史計畫，透過利用數位技術的最新發展，並利用視覺化來激發觀眾的興趣，特別是透過強調歷史的體驗性和生活在過去的感覺。一九九〇年代，在虛擬實境（VR）的觀念下，出現了一個最活躍的研究和發展領域，即致力於創造沉浸式人工數位環境。這些環境在一九九〇年代還相當粗糙，但今天的虛擬實境已經是一個成熟的文化生產領域，不僅用於遊戲，而且還用於許多實際事務，例如飛行員的培訓。湯姆・考德爾（Tom Caudell）在一九九〇年提出了以虛擬實境為基礎的「擴增實境」（AR）概念。擴增實境意味著觀察者的感知，是由疊加在真實世界環境之上的虛擬物體所提供的。而混合實境（MR）走得更遠，它不僅覆蓋了數位物體，還將它們固定在真實世界中；因此，虛擬和物理物體可以同時共存。在這個意義上，混合實境的目的是在物理世界和虛擬世界之間呈現一個混合體。[27]

　　因此，混合實境的目標是要提供一種融合現實世界和數

位世界元素的臨場感。在數位歷史計畫中，透過實現不同時間層和歷史時期的混合，因此混合實境可以成為一種同時表達時間距離和親近性的方法；因此，它可以用於許多目的如教學、旅遊或寓教於樂。正如珍妮佛‧查勒諾（Jennifer Challenor）和馬敏華（Minhua Ma）所寫的，「在過去的十年裡，由於頭戴式設備（HMD）和智能設備（如手機、平板電腦和掌上型遊戲機）的普及，這項技術已經迅速成為商業和研究的可行方案，現在已經與日常生活密不可分。」[28]最受歡迎的虛擬實境／混合實境的應用是遊戲，寶可夢 GO（Pokémon GO）在二〇一六年的成功獲得了全世界數百萬人的關注和了解。混合實境的應用也在博物館和旅遊活動以及在歷史課堂上獲得了成功。關於這項技術對教育工作者的挑戰和可能性，相關討論的學術文獻不斷增加。

　　擴增實境的應用通常與沉浸式的學習觀念有關。[29]這些應用中有許多是用於課堂的商業產品，包括關於歷史實物或環境的應用，前者如埃及石棺或羅馬船，後者如一六六六年的倫敦。[30]博物館也推出了大規模的擴增實境裝置。新加坡國家博物館在其玻璃旋轉大廳舉辦了一個展覽，由日本數位

藝術團體 teamLab 創作，名為「森林的故事」。這個身臨其境的展覽以威廉‧法誇爾（William Farquhar）自然歷史圖畫收藏中的六十幅圖畫為基礎，並將這些圖畫轉化為 3D 動畫。該展覽深入研究了新加坡的動植物，以及殖民時期的過去和現在的關注。參觀者可以在入場前下載一個免費的應用程式，透過展覽中加入的擴增實境的元素以了解更多資訊。[31]

擴增實境和混合實境對於數位歷史家而言有許多方面的運用。它們引發了討論歷史知識之作用的理論問題，在建構沉浸式世界的過程中，過去和現在不僅相遇，而且可以相互對話。[32] 擴增實境和混合實境也可以以某種方式來創造，同時鼓勵社會參與，並意味著能夠回答研究問題。例如，混合實境已經成功地應用於透過數位技術對失去或被破壞的建築環境進行歷史重建。[33] 二〇一七年，MIRACLE 計畫製作了幾個在歷史遺址和博物館中使用的示範應用。該計畫還製作了一本文化和學習體驗的混合實境應用指南，包括對混合實境的利益和風險的分析。[34]

在時間中旅行

　　為了要加強數位歷史在研究、教學和社會推廣方面的作用，近年來已經啟動了大型的總體計畫。其中一個最具雄心的計畫是歐洲的「時光機器」計畫，旨在透過智慧掃描技術來實現歷史藏品的大規模數位化，將現在分散在歐洲大陸的資源集中起來運用虛擬實境和混合實境，以及最重要的是強調歐洲文化二千年歷史的潛力。[35] 該計畫的靈感來自於早期威尼斯的時光機器，該機器由洛桑聯邦理工學院（Ecole Polytechnique Federale de Lausanne）和威尼斯卡福斯卡里大學（Ca' Foscari University of Venice）於二〇一二年推出，其想法是製作一個威尼斯的多維數位模型，也可以作為該城市開放數位檔案的入口。[36] 當然，時光機器是一個強而有力的隱喻。它不是以威爾斯（H. G. Wells）的方式來進行時空旅行＊，但支持這樣的想法：數位技術可以為所有使用者提供

＊　編按：威爾斯在 1895 年發表科幻小說《時光機器》，描述一名科學家搭乘時光旅行機器來到未來世界的故事。

工具來探索歷史，並在現在和過去之間進行富有成效和發人深省的對話。

　　自一九九〇年代以來，大眾歷史學一直是數位歷史的一個重要組成部分，隨著新技術和新研究環境的出現，它也將持續如此。歷史的呈現也涉及到我們愈來愈意識到的倫理承諾。歷史學是一種積極的知識模式，屬於每一個人，因此歷史學家被期望與其他研究者和普羅大眾進行交流。如今，歷史學家不僅透過開放性的出版物發表他們的研究成果，也透過數位技術，從部落格文章到資料庫，從社群媒體的更新到策展的服務，容許一系列敘述的可能性。對於這項持續性的工作，數位歷史學提供了與我們的時代互動的工具和洞察力。

結論

　　二〇一八年，馬雷克・塔姆（Marek Tamm）和彼得・伯克（Peter Burke）合編了《探討歷史的新取徑》（*Debating New Approaches to History*）一書，書中探討了當前歷史學科理論和方法論的首要問題；其中包括數位歷史學，以及全球史、後殖民史、神經史*和後人類主義史†等領域。[1]在塔姆和伯克的書中，以及其他許多相關議題的文章中，數位與歷

＊　譯按：Neurohistory 神經史是一種跨學科的歷史方法，它利用神經科學的進步來講述有關過去的新故事，尤其是關於深遠歷史的故事。透過結合神經科學概念與史學理論來重建過去。由哈佛大學教授洛德・斯邁爾（Daniel Lord Smail）首次提出。

†　譯按：後人類主義（Posthumanist）主要區別於古典人文主義，因為它使由人性構成的道德高度復原至眾多自然物種的一種。人類沒有毀滅自然或是在道德問題上高於自然的固有權利。人類知識也淪落到不太具有控制力的地位。

史的結合具有兩層含義。第一層含義是廣泛地看待數位時
代歷史研究的成果。塔姆具體說明了第一種含義，他寫道：
「從某種意義上說，當今所有的歷史學家都是數位歷史學
家，因為我們都使用數位技術所提供的工具，無論是使用網
際網路還是運用程式探尋文本。」[2] 然而，數位歷史的狹義
定義則是指，在歷史研究中使用數位技術和運算方法來研究
過去，並且向學院派的讀者以及更廣泛的大眾展示其成果。
本書也同意下列的觀點：除了強調每一位史家都需要考量數
位工具的使用，更特別強調了它對大眾歷史學的重要性，這
幾十年來，在數位歷史學這一歷史實踐分支中，大眾歷史學
一直是其核心，以及強調從事運算方法和研究結果的需要，
這些已經在更廣泛的數位人文學科穹頂下播下了種子。

　　林肯・馬倫（Lincoln Mullen）在其編輯的《數位人文
學爭論二〇一九》（*Debates In the Digital Humanities 2019*）
一書中表示：「對於數位歷史學的觀察者來說，解決問題和
方法論顯然是這個領域的核心：與大多數其他歷史研究的形
式相比，數位歷史學更常更替其方法。數位歷史學家樂於
撰寫和閱讀有關如何在研究和教學中使用工具和軟體的各種

教程；他們會開設教導這些方法的工作坊，更會排隊去參加。」[3] 從提供指導和教程方面來看，這樣的觀察是正確的：歷史學家比以往都更渴望學習運算的方法，並從數位人文學科當中學習。但重要的是，要認知到這種對教學方法和技能積累的專注，有助於緩解在面對新挑戰時明顯的不確定感，同時也使得投身於數位歷史學的學生和研究者的人數增加。對於方法論的關注，也為歷史學家做好了跨學科研究的準備，因為將解決問題作為一種思維方式，有助於發現與其他研究領域的共通性。

對方法論的關注和敏銳度，也可以詮釋為數位歷史學作為一個研究領域的地位標誌，它仍然將自己定位於歷史學和人文學科的眾多分支當中。有個常被提出的論點：在未來，「數位」這個詞將變得無用，因為數位資源和工具的應用如此廣泛，以至於不再需要「數位」這個詞來強調其「嶄新」或是特殊性。在論文集《探討歷史的新方法》一書中，珍·溫特斯（Jane Winters）*對這樣的觀點提出了討論：

---

*　譯按：倫敦大學高級研究學院的數位人文學科教授。

如果所有的研究,所有的歷史學,在某種意義上都
是數位化的,為什麼還需要這個修飾語?也許我們
會達成這樣一個觀點,提及數位歷史學似乎是一件
古怪的事情,回到一個我們仍然對每一個新的數位
工具的出現、每一個新的數位化原始資源的出版感
到興奮的時代。但我們還不知道數位技術將把我們
引向何方?或者,反過來說,我們如何能夠為了歷
史分析的目的去塑造或改造它們。[4]

　　溫特斯說得很對,我們不知道未來會把我們引向何方,
也不知道技術和方法將會如何發展。今天,很明顯的是,像
是圖書館和檔案館這類歷史資料的維護者,以及商業服務的
供應商,都在為研究者提供更多客製化的和可自訂的工具,
這意味著歷史學家就能夠比之前更容易以運算方法進行測試
(如果不用隨時查看機房的話)。二〇一八年,Gale 推出了
數位學術實驗室,使用者可以利用十八世紀的線上收藏或英
國圖書館報紙等資料庫,並試驗各種文本探勘工具,如命名
實體識別[*]、主題建模和情感分析等。[5] 能夠見證這些應用在

未來將如何發展，以及這些綜合服務將為研究人員提供哪些可能性，不僅只是應用現成的工具，而且能夠參與這些工具的強化過程，這將是件非常令人著迷的事。

　　在二〇一三年出版的論文集《數位時代的歷史學》（*History in the Digital Age*）一書中，托尼‧韋勒（Toni Weller）在引言當中討論了數位歷史學的未來，她宣稱：雖然數位歷史學是一個令人興奮且具前瞻性的研究領域，但它對科技和數位工具的高度關注，意味著它可能會疏遠傳統的歷史學家。[6] 毫無疑問地，假如數位歷史學不僅被理解為運用數位資源和工具進行研究，同時也是發展出運算方法找到新的研究方式的領域，屆時數位歷史學可能就不會被更大的歷史研究領域給合併，而仍將是其中重要的一個分支。數位歷史學需要會編寫程式設計和提高其技能的歷史學家，也需要跨學科的研究小組相互學習，並找到尚未包含在指南和教

＊　譯按：命名實體，是指識別文本中具有特定意義的實體，主要包括人名、地名、機構名、專有名詞等，以及時間、數量、貨幣、比例數值等文字。

程中的新方法，也需要與更大的機構網絡合作，開發出任何
有興趣的人都可以使用的工具和服務。從這個意義上來說，
「何謂數位歷史學？」這個問題的答案，應該是一個不斷試
驗新思想和可能性，以擴大我們理解、探索和呈現過去的方
式的改革過程。

台版獨家延伸閱讀

數位轉向後歷史學的新形式及其反思

湯瑞弘

前言

　　技術和媒體的發展一直影響著文化態度，並塑造了我們
與過去的關係。[*]數位技術在短短幾十年間廣泛傳播到世界
各地，有力地重塑了我們與過去的關係，以及研究過去的方
式和方法。[†]歷史資料愈來愈廣泛的被數位化，加上愈來愈

---

[*]　S. Anderson, *Technologies of History: Visual Media and the Eccentricity of the Past* (Hanover: Dartmouth University Press, 2011), 18.

[†]　T. Weller (ed.), *History in the Digital Age* (London: Routledge, 2013), 37.

多的新工具和新方法來處理、分析這些巨量的材料，為歷史學家打開了全新的前景外，亦將迫使歷史學家重新思考此一專業的訓練與表述的基本原理與方法。

半個世紀前，歷史學家埃曼紐・勒華拉杜里（Emmanuel Le Roy Ladurie）在說明量化史學的發展時曾預言：「未來的歷史學家必須能夠會電腦程式設計才能生存。」*從那時起，電腦和程式設計確實深刻地改變了歷史學家的研究工作。透過諸如文字處理、網際網路、電子郵件、PowerPoint、谷歌、JSTOR、Facebook、Twitter 和 Zoom 等數位環境與工具中，當大多數的歷史學家大量使用的這些數位工具時，數位化已經在很多方面改變了歷史學家的方法論和知識論的預設，而不僅僅是只限於研究和資料收集技術的改進。†

從某種意義上說，現在所有的歷史學家都是數位歷史學家，因為我們都在使用數位技術所提供的便利，無論是網際網路還是文本處理用的程式。更不用說歷史文化已經普遍地數位化，乃至於歷史主題類的電腦遊戲到歷史虛擬實境體驗出現。‡然而，狹義的數位歷史學常被認為是指一種使用數

位技術來研究和表現過去的歷史方法。在《美國歷史雜誌》（*the Journal of American History*）舉辦的一次線上討論中，道格拉斯‧希菲爾德（Douglas Seefeldt）和威廉‧湯瑪斯（William Thomas）提出了一個關於數位歷史學更為廣義的定義：

> 數位歷史學可以被廣泛地理解為一種研究和表現過去的方法，它與電腦、網際網路和軟體系統等新的通信技術一起協作。在某一個層面上，數位歷史學

＊　Petri Paju, Mila Oiva and Mats Fridlund, "Digital and Distant Histories: Emergent Approaches within the New Digital History," In M. Fridlund, M. Oiva, & P. Paju (Eds.), *Digital histories: Emergent approaches within the new digital history*, 2020, (pp. 3-18).

†　Petri Paju, Mila Oiva and Mats Fridlund, "Digital and Distant Histories: Emergent Approaches within the New Digital History," in Petri Paju, Mila Oiva and Mats Fridlund (eds.), *Digital Histories: Emergent Approaches within the New Digital History* (Helsinki: Helsinki University Press, 2020), 3.

‡　C. Fogu, "Digitalizing Historical Consciousness," *History and Theory* 47 (2009), 103-21.

是一個開放的學術生產和交流領域，包含了新課程
材料的開發和學術資料的收集工作。在另一個層面
上，數位歷史是一種方法論上的取徑，由這些技術
的超文本力量來架構，以便在人類過去的紀錄中創
造、定義、研究和注釋關聯。*

如此一來，數位歷史學不應該只是被視為傳統史學新的
輔助工具，而可以視為研究和書寫歷史的新方法。

在數位時代重新思考歷史書寫的 「形式」與「距離」

在數位技術和工具高速發展下，刺激了自由和創新的多
元文本形式和圖形平臺（graphic platforms）的發展，激發
對於歷史書寫形式和內容進行更具創造性和實驗性的嘗試和

---

* Douglas Seefeldt and William Thomas, "What Is Digital History?" in *Perspectives on History* (2009).

表述。在數位技術和工具支持下，創新性歷史寫作其形式、方法和內容已然不同於傳統的文類（genres）分類和敘述模式。事實上，在二十一世紀，新的歷史書寫形式層出不窮，包括電影和記錄片、社交媒體、圖畫和實境重演、歷史小說和傳記影片，以及最具創新意義的數位遊戲和 VR。本文將從數位技術發展脈絡來說明其對當前史學理論、歷史知識論和歷史實踐多樣性的重大影響。透過研究這些表現過去的數位新形式，探討當今史學理論發展的新趨勢，探索歷史實踐的新方向，以及反思在數位媒介的影響下，閱聽大眾與過去彼此之間新的關係。因此，在不否認傳統和常規歷史形式的有效性（並認為這些形式仍然有效）前提下，本文將論及歷史書寫的新形式，思考以虛擬實境（VR）的歷史書寫所帶來「歷史距離」上的改變，並以沉浸式體驗應用在歷史的範例，來說明歷史書寫在此新形式下所展現出的問題與可能性。

（一）數位時代下歷史書寫文類（historical genres）的轉變

　　儘管在文學研究中已存在大量關於文類的研究成果，但歷史學卻普遍忽視了這一問題。對於歷史書寫文類（historical genres）缺乏進行深層思考；造成這種情況的部分原因可能是：歷史學家傳統上傾向於將歷史文類和寫作模式視為固定的結構，他們將文本置於其中，並將其視為讀者在接受文本時所認可和協商的類別，而不是知識論上的選擇。歷史學家通常認為自己是過去與現在之間的中立的媒介者（mediators），而不是敘事性文本的作者或製作者。

　　後現代主義歷史理論發展影響下，以及數位技術所創造的各種創新的呈現歷史方式，已有許多作品嘗試發展出不同於傳統文字敘述的歷史書寫類型，使歷史書寫更具靈活和彈性。數位時代中歷史學家已經不僅是撰寫學術文本的作者，也是運用現有數位技術和方法的歷史知識生產者，使得歷史知識與受眾進行更直接的互動成為可能。數位時代的歷史書寫將有更多種類、不同歷史的書寫形式，我們或將預見在數位技術的支援和刺激下，歷史知識生產作為一種文化、知識

和娛樂的消費產品，將更能去貼近大眾。*

　　各種數位技術和形式，將更具創造性的方式挖掘新的歷史研究的可能性和意義，並使更多的受眾以新的體驗方式參與過去。當前數位技術創新將為史學理論和歷史知識論帶來不同的思考。首先，歷史文類的發展有其自身的歷史，綜觀歷史書寫文類的演進，因時代、空間和文化的不同而各異，某些形式在特定時期會成為主流，如希臘和羅馬史學中的敘事史和傳記，古代晚期的世界史、中世紀的年鑑、十字軍東征記事和自傳；近代早期的博學和飲食記事；啟蒙運動中的百科全書式世界史；十九世紀的民族敘事；二十世紀的有機論式的歷史、長篇專著和敘事史。在二十一世紀數位技術的影響下，今日歷史學家則應該關切數位轉向後歷史學的新形式和新內容，重新思考新的歷史學方法論和知識論。

　　過去因為歷史學家不願意承認歷史體裁的歷史性，只願意將這些範疇用於創造性文學而非歷史性文學。如此一

＊　Serge Noiret, Mark Tebeau & Gerben Zaagsma (eds.), *Handbook of Digital Public History* (De Gruyter Oldenbourg, 2022).

來，「歷史」（對過去的再現）這一範疇指的是一種獨一無
二的文類。這一立場解釋了為什麼許多歷史學家對海登·
懷特（Hayden White）的《後設歷史學》（*Metahistory*）
及其後續著作持懷疑態度。*如恩斯特·布賴薩赫（Emst
Breisach）所說，假設文類的分類和變化是當代思想或現代
技術的產物，那麼歷史書寫文類就不是靜態的寫作模式，而
是有生命力的形式，它的變化和發展將為歷史學帶來新的活
力。†

　　一如史學史發展過程中，各種不同的歷史文類會相互影
響和滲透，「舊的文類」並沒有消失，新的時代有著新形式
和新需求，歷史書寫可以用其他書寫文類去重新想像和再次
表述，成為歷史書寫創新的一部分。現今的歷史家的基本態
度或許要一方面尊重和理解歷史學家基於恪守專業規範，去
追求嚴謹客觀的歷史書寫，對待舊體裁保持更審慎的態度，
也要主動意識到歷史書寫的形式本應兼容並蓄。一個新的時
代來臨時，新技術的發展、圖像的豐富效果、閱讀歷史的受
眾在歷史生產過程中能夠更加積極的參與。

　　可以這樣說，文類理論作為解釋歷史寫作在解讀歷史理

論和實踐的轉變時，提供了有用的框架。一些文學評論家強調了這一體裁的知識論意義，[‡]將這些理論應用於解釋歷史的寫作／生產，有助於我們理解歷史書寫形式的選擇，反映了歷史學家對過去知識的組織方式的決定。這反過來又體現了他們的認知、審美、意識形態、社會、政治、倫理和表述

＊　White, Hayden. Metahistory: The historical imagination in nineteenth-century Europe. JHU Press, 2014.

†　Breisach, Ernst. On the future of history: The postmodernist challenge and its aftermath. University of Chicago Press, 2003.

‡　Northrop Frye, H. Anatomy of criticism. Princeton, 1957, 243-251; Jauss, Hans Robert and Elizabeth Benzinger. "Literary History as a Challenge to Literary Theory." New Literary History. 2:1(1970): 7-37; Elizabeth W. Bruss. Autobiographical Acts: The Changing Situation of a Literary Genre. Johns Hopkins University Press, 1976; Dubrow, Heather. Genre: The critical idiom. New York: Methuen and Company, 1982; Miller, J. Hillis. "Constructions in Criticism." Boundary 2 (1984): 157-172; Farrell, Joseph. "Classical genre in theory and practice." New Literary History. 34:3 (2003): 383-408; Seitel, Peter. "Theorizing Genres: Interpreting Works." New Literary History. 34.2 (2003): 275-297; John Frow. Genre: The New Critical Idiom. Taylor & Francis, 2006.

目的。透過強調歷史學家的能動性，書寫形式選擇本身就具
有知識論和方法論的意義。歷史家書寫形式選擇能動性與不
斷變化的歷史語境之間的互動，使歷史作品成為一種動態的
文化知識產品。

　　對於歷史書寫文類的思考也可成為探索文化和權力互動
關係的方法論工具，因為形式的選擇在政治、文化或認識論
上從來都不是中立的。*同時，體裁是修辭性的，因為它們
是由作者與受眾之間建立的條件決定的。†因此，作者對形
式的選擇成為一種意識形態和修辭上的決定。弗雷德里克・
詹姆遜（Fredric Jameson）指出：「文類本質上是文學體
裁，或者說是作家與特定公眾之間的社會契約，其功能是規
定特定文化藝術品的適當用途。」‡歸根結柢，歷史書寫形
式的發展揭示了受眾的社會和文化變遷，因為它們證實了尼
采的直覺，即當下的新需求必然開啟理解過去的新媒介。

　　承此觀點，若以開放性的批判態度看待當前歷史書寫的
多元性實踐，我們對表現過去的非常規或更流行的形式（如
紀念、重演、VR、數位遊戲、圖像敘事或電影）就能抱持
更開放的態度，這些形式除了對集體記憶和身份認同建構具

有強大的影響力。這種敘事策略還有助於加強歷史知識生產者與受眾之間的互動。[※]

　　也許我們會擔憂上述的文類探討，將顛覆傳統散文歷史文字書寫的權威性。在此，必須強調承認歷史文類的多元性和專業歷史學並不會衝突。事實上，我們已經看到數位發展對於許多歷史文化機構的廣泛影響。這些機構（如博物館）已展現出熱烈擁抱數位技術提升過去的紀念和表述的豐富性和多樣性，它們試圖結合數位技術和形式探索更具有創造性和獨創性的保存、傳播、重現、互動和表現過去的形式。事實上，二十一世紀初歷史表述的創造性水準不斷提高，多模

＊　Stephen Greenblatt. The Power of Forms in the English Renaissance. Pilgrim Books, 1982.

†　Northrop Frye, H. Anatomy of criticism. Princeton, 1957, 247; Bakhtin, Mikhail Mikha lovich. The dialogic imagination: Four essays. University of texas Press, 2010.

‡　Jameson, Fredric. The political unconscious: Narrative as a socially symbolic act. Cornell University Press, 1981, 106.

※　Serge Noiret, Mark Tebeau & Gerben Zaagsma (eds.), *Handbook of Digital Public History*, 9-10.

態、重演、沉浸式體驗、互動性和想像力塑造了當代歷史新
的呈現形式。圖像、社交媒體、電影、遊戲和 VR 承載著我
們對現在和過去看法的各種資訊。

這些新的歷史書寫形式的可能性和創新性，其關鍵因素
還包括要去承認歷史表述的民主化和多元化參與：歷史將會
由那些經歷或參與歷史的人所擁有，而不僅僅是由專業歷史
學家。因此，新形式的歷史文本不僅要求我們重新思考我們
稱之為「歷史的產品」，而且還要重新思考歷史知識的生產
者──包括藝術家、演員、電影製作人、VR 導演、遊戲設
計者、遊戲玩家和各種社交媒體歷史內容素材的提供者。當
我們在思考數位時代中的歷史文類，也要思考此一時期的
「歷史學家」會是誰？以及將以何種形式參與過去，並構成
了這些歷史表述。

（二）疏離或親近？關於「歷史距離」

數位時代下新的歷史書寫，可能帶來的衝擊是：「歷史
距離」（historical distance）的改變。

何謂「歷史距離」？此一概念是在十九世紀科學史學知

識論背景下使用的一種隱喻。用此隱喻，其間亦具有方法論、知識論、道德判斷、美學以及本體論的內涵。「歷史距離」不能被歸結為單一的「問題」或「概念」。同時，這種與距離相關的多種多樣的含義，也有助於解釋為什麼不存在一個容易識別的學術傳統。*歷史距離無疑是產生於時間之中，以「當代史」這樣的時間向度為例，荷蘭文化史大家約翰・赫伊津哈（Johan Huizinga）曾舉例過一個小故事。一九三一年夏天，赫伊津哈的一位朋友兼同事建議他去教授一門當代史課程。所謂「當代史」的概念在當時是一個相當新穎的想法：「時代史」（Zeitgeschichte）或「當代史」課程要晚至第二次世界大戰之後才開始出現在專業史課程。赫伊津哈對他所處時代的面貌雖然有著濃厚的興趣，也在他的著作中表現出來，例如他在一九一八年和一九二六年出版的《美國旅行研究》就是這種興趣的主要體現作品。不過，赫伊津哈對他朋友的提議卻完全不感興趣，赫伊津哈認為：

---

*　Japp Hollander, Herman Paul, and Rik Peters, "Introduction: The Metaphor of Historical Distance," *History and Theory* 2011(50), 1-10.

「與其冒險開設當代史課程，他更願意開設十八世紀文化史研究。他們需要的是距離、視角、明確的歷史方式，而十八世紀實際上比現在更美好、更重要，我不是說比現在本身更美好、更重要，而是比人們對它所形成的不完美、不可靠的歷史形象更美好、更重要。距離和視角：這是歷史學家長期以來視為歷史解釋不可或缺的先決條件。」*

　　那麼，其間的「距離」究竟是什麼意思？這個隱喻有什麼樣的含義？†

　　在赫伊津哈的表述中，「距離」似乎首先指的是在認識過去的過程中，史家應該採取適當的「距離」才能正確掌握到他所謂的「歷史形式」（historical forms）輪廓的可能性。‡歷史學家發現這種歷史形式的方式，與博物館參觀者學習辨別十七世紀油畫中的視覺圖案的方式會大致相同：就像「站在幾英尺之外，頭微微傾斜，眉頭緊皺」。對於赫伊津哈來說，「空間距離」使藝術和歷史的解讀成為可能。如果一個人的現在與他所研究的過去之間沒有一定的「距離」，他所研究對象的輪廓就會模糊不清，而難以辨認。※距離也具有道德意義：如果無法滿足必要的知識論條件（保

持適當距離），那麼創造過去的形象就將會是一種誤導，甚至是不負責任的行為。「不完美」和「不可靠」不僅是知識論上，同時也是道德意義上的錯誤。

「歷史距離」此一概念可追溯至十八世紀的歐洲，在當時歐洲思想界就將歷史距離作為歷史方法的重要原則之一。發展至十九世紀時，由於歷史家和哲學家愈發強調歷史研究的客觀性，歷史距離在歷史知識論和方法論的地位更加提升。在此「歷史距離」意謂著：「從自我意識的距離回望過去的能力」和「更清晰地看待事件的起源和影響的能力」。歷史距離的功能在於「可以解放偏見的控制，並賦予我們

---

* Japp Hollander, Herman Paul, and Rik Peters, "Introduction: The Metaphor of Historical Distance," *History and Theory* 2011(50), 8-10.

† Carlo Ginzburg, "Distance and Perspective: Two Metaphors," in Ginzburg, Wooden Eyes: Nine Reflections on Distance, transi. Martin Ryle and Kate Soper (New York: Columbia University Press, 2001), 139-156.

‡ Phillips, M. S. 2013. On Historical Distance. New Haven and London: Yale University Press.

※ Japp Hollander, Herman Paul, and Rik Peters, "Introduction: The Metaphor of Historical Distance," *History and Theory* 2011(50), 13.

的判斷以直接觀察者所無法企及的成熟」。*歷史距離會有助於「確定研究歷史的最佳視點」，並提供「適當的歷史視角」。†將歷史距離和歷史視角比擬作視覺知識論般的隱喻，代表著歷史家可以「歷史距離」（historical distance）從特定的視角和特定的距離來觀察過去，來保證歷史認識的客觀性和正確性。

從視覺知識論來看所謂的距離，如同喬拿斯（Hans Jonas）在其心靈現象學研究中所提出視覺體驗的三個相互關聯的層面：同時性（simultaneity）、停滯性（stasis）和距離效應（distancing effect）。視覺可以同時感知許多事物，就像捕捉圖像一樣。‡這種圖像是靜態的，而聽覺和觸覺則突出動態變化和運動。※視覺不需要與所看到的事物進行身體互動。人們可以用目視來感知動態內容，從而產生一種印象，認為自己捕捉到的圖像與所見之物，以及身臨其境的觀看者是分離的，或者說是遙遠的。因此，主體與客體、認識者與被認識者、客體與其表象、世界與圖像之間的距離就會從而產生。喬拿斯指出，如果觀察需要與被認識者保持距離，那麼認識者的距離程度──作為與被認識者的關係，就

決定了發現或理解的準確性。[◎]順此觀點，我們可以用來類
比歷史學家在追求知識的過程中，也可以根據知識論和方法
論的假定，試圖透過採用適當的視角來捕捉這種距離感。

　　建構歷史知識的過程中，有些歷史學家相信可以嘗試透
過採用適當的視角（perspective）來跨越這種時間距離上的
隔閡，也有些史家根據其知識論強調這種差距的不可跨越
性。[§]無論如何，科學經驗主義方法對於歷史學知識論的影

＊　Phillips, M. S. 2013a. "Introduction: Rethinking Historical Distance."
　　In Rethinking Historical Distance, edited by M. S. Phillips, B. Caine,
　　and J. Adeney Thomas, 1-18. New York: Palgrave Macmillan, 1.

†　Phillips, M. S. 2013a. "Introduction: Rethinking Historical Distance."
　　In Rethinking Historical Distance, edited by M. S. Phillips, B. Caine,
　　and J. Adeney Thomas, 1-18. New York: Palgrave Macmillan, 5.

‡　Hans Jonas, *The Phenomenon of Life: Toward a Philosophical Biology*
　　(Evanston, IL: Northwestern University Press, 2001), 136.

※　Hans Jonas, *The Phenomenon of Life: Toward a Philosophical Biology*,
　　145.

◎　Hans Jonas, *The Phenomenon of Life: Toward a Philosophical Biology*,
　　147.

§　Novick, P. 1988. That Noble Dream: The "Objectivity Question"
　　and the American Historical Profession. Cambridge: Cambridge
　　University Press.

響是，如同科學史家採用「靜態光學」（static optical）般的
概念，進一步強化了視覺知識論所強調維持一定的「距離」
是科學觀察的特徵，這將感知的眼睛理解成為非實體的、
固定的、單目消失點和光學透鏡。*光學透鏡的非人格化視
角模型被假定為產生準確性和真實性；那麼，其非身體性
（disembodiment）被視為適當距離的保證。†

　歷史學家相信「真理是時間的女兒」，但這一觀點在歷
史學科中占有特殊的地位。事實上，它已成為歷史學作為一
門學科的定義。正如艾瑞克・霍布斯邦（Eric Hobsbawm）
曾說，「回顧性」（Retrospectiveness）是「歷史學家的祕
密武器」。顯然對歷史學家來說，掌握距離感具有強烈的積
極意義，即是將距離感與知識的清晰度和精確度關聯在一
起。至少從十八世紀末開始，歐洲人就將某種形式的「疏

---

* Martin Jay, *Downcast Eyes: The Denigration of Vision in Twentieth-century French Thought* (Berkeley & Los Angeles: University of California Press, 1993).

† Rūta Kazlauskaitė, "Knowing Is Seeing: Distance and Poximity in Affective Virtual Reality History, *Rethinking History*, 2022:26:1, 51-70.

離」（detachment）與之和歷史知識聯繫在一起。

　　若把距離與歷史表述所涉及的一系列互動聯繫起來研究時，就會發現距離／接近的可塑性，絕不僅限於時間的梯度；相反，時間性與其他距離是緊密聯繫在一起的，這些距離來自於我們與認識過去的需要。依據科學主義和客觀主義方法論和知識論的假設，歷史距離指的是隨著時間的流逝，歷史家所「回顧」的過去將會變得愈來愈清晰。

　　儘管許多信奉科學主義和客觀主義的歷史學家將疏離視為歷史專業的信條，但同時也存在另外一股不同於科學主義的歷史思想潮流，強調真正的歷史理解在於捕捉歷史的體驗感。歐洲自十八世紀以來關於歷史方法論和知識論的討論和進步是現代史學思想的基礎，這些討論來自不同的方面，最明顯的是歷史主義、實證主義和馬克思主義。其中歷史主義對歷史意識的討論和闡釋具有重要的影響，亦塑造了我們對歷史學科性質的認識。這一傳統可追溯到十八世紀的維科（Giovannibattista Vico），而在狄爾泰（Wilhelm Dilthey）那裡得到了最具系統的闡述。對於英語世界的歷史學家來說，更至關重要的人物是柯靈烏（R. G. Collingwood），其《歷史

的理念》長期以來一直是專業歷史學家教育的重要文本。

在此概略地指出這三位的核心觀照：維科提出「真與造互換」之說（the true is convertible with the made），狄爾泰提出「理解」（Verstehen）理論，柯靈烏則是提出「重演」（Reenactment）理論。在三位歷史哲學家的每一個術語的背後，都體現著一些關於歷史理解條件的相似假設：即與過去的真正相遇必須以最初的「事實」的判斷和認識為歷史知識的起點，才能發展至與過去的歷史精神世界達到某種形式的洞察和理解。

理解維科、狄爾泰和柯靈烏三者在歷史距離方法論和知識論上的觀點有其必要；他們一致反對歷史認識者與被認識對象應該保持疏離的假設。維科認為歷史認識者與被認識對象是「互為主體」（intersubjectivity）的關係，狄爾泰和柯靈烏，則認為在歷史理解過程中，史家應該「進入」（enter）和「轉移」（transportation）至過去的歷史生命和經驗世界，以「再經驗」（re-expereince）、移情（empathy）和「重演」（reenactment）去進入歷史人物心中的思想和情感。

　　歷史主義思想的核心在於這三位所提出的假設是自然現象與歷史現象之間，存在著根本區別。自然科學中，「事實」是某種在知覺中直接被給定的東西，可以被科學家直接觀察、重複以及歸納。而在歷史學中，「歷史事實」和「自然事實」有著截然不同的性質和意義；實證主義和科學主義的歷史學家們忽略了這一關鍵之處。

　　對於「歷史研究的對象是什麼？」和「歷史知識如何成為可能？」「歷史知識的價值」等問題，實證主義的歷史學家們無法提出正確的回答。柯靈烏指出「自然事實是永恆重複的場景，是沒有意識目的的現象；而歷史事實則由獨特的、不可複製的、充滿意志和意圖的人類行為組成。」*因此，歷史成為理解人類事物的唯一指南。簡而言之，歷史主義提出了一種歷史方法的理念，其獨特之處在於它的移情（empathy）和反思性（reflexivity）。這兩個命題是相輔相成的。它認為，每個社會都在其文化形式和制度結構的具體內容中表現出自己的個性；而將外在現象的感知與內在體驗

　　＊　Collingwood, *The Idea of History*, 212.

的移情（empathy）活動相結合，則使我們能夠解釋人類行動。在這一努力中，自然科學的分類方法毫無用處，因為它們仍然處於事件之外。相反，歷史學家首先要參考的是人類經驗的基礎，建立在這基礎上，讓我們在與他人的日常互動中能夠理解他們的行為。從根本上說，歷史理解仍然是人類心靈的認知能力和洞察力的一種專門形式。

　　在理解上述的觀點後，讓我們重新回到柯靈烏在《理念》一書中的續篇第一章〈人性與人的歷史〉討論「歷史思想的範圍」時，他所寫到的：「歷史家在探討過去的任何事件時，將劃分所謂的事件的內部和事件的外部。事件的外部，我指的是事件能以物體及其運動來加以描述的部分，如凱撒由某些人陪同於某日渡過盧比孔河；或是，在某一日，他的血濺於元老院的地板上。事件的內部，我指的是只能依思想來描述的部分，如凱撒蔑視共和法，或他與謀刺者之間對於立憲方針存有衝突。」*柯靈烏將歷史事件區分由「物體及其運動」所構成的外部與由「思想」所構成的內部，這一劃分，明確地將「歷史事件」與「自然事件」區隔開來。我們可以說這一觀念是柯靈烏歷史哲學思想體系裡一個關鍵

的核心觀念，他念茲在茲的「歷史科學的自律性」就獲得確立。[†]

歷史事件與自然事件的性質以及其構成元素各自不相同，自然科學而言，事件係由知覺所發現，欲進一步探究事件的原因，是將它納入所屬的類別，然後建立該類別與其他類別的關係。歷史事件卻不只是停留在現象，也不只是凝思的景象，而是歷史學家予以透視（不是注視），並且認知其中思想。因此就歷史而言，亟待發現的客體不是單純的事件，而是其中所表達的思想。[‡]「歷史學家又以什麼方式認識與辨別他所要發現的思想呢？」柯靈烏的答案是「只有一種辦法可以做到，就是在他自己的心中重新思考這些思想」。[※]

當理解上述的概念後，我們可以重新思考歷史距離的本質性問題。任何一種歷史方法論和知識論的討論都必須回答

---

[*] 　Collingwood, *The Idea of History*, 213.

[†] 　歷史科學自律性指的是在歷史方法論、歷史認識論、歷史詮釋理論與歷史知識的價值等問題皆與自然科學不同。

[‡] 　Collingwood, *The Idea of History*, 215.

[※] 　Collingwood, *The Idea of History*, 215.

兩個關鍵的問題：（1）我們（歷史學家）如何從感官知覺到的物理外在表現（physical expression），如圖書或雕塑的人物身體姿態、檔案文書資料、圖畫、音樂和建築等等，而「進入」到它們背後的心靈情感和思想世界呢？（2）假定在另外一個人的心靈中的確存在著某種思想情感，我們又如何能夠詳細地、精確地、客觀地經驗和理解它？從維科提出「真與造互換」之說、狄爾泰的理解理論與柯靈烏的歷史重演理論，為我們理解歷史的生命世界提供歷史方法論和知識論的基礎，才能夠將歷史學建立為一種真正的人文科學、一種正確的人性科學。

　　至此從歷史哲學的角度來說明「歷史距離」概念，是因為只有這種歷史知識論和方法論的討論的基本脈絡，才能夠理解若以實際的歷史研究和書寫來看待「距離」與歷史理解的關係，某種程度的時間距離會是必然且必要的，時間距離可能會因不同的知識論和方法論的假設，以及不同類型的書寫方式而擴大或縮小。*歷史距離指的遠遠不止是傳統意義上的理解那一個側面，即事件的輪廓因時間的流逝而變得清晰，亦或者是歷史學家的視角必然反映了他或她那一代人

的視角。它既包括政治參與和意識形態的選擇，也包括情感參與（或不參與）和美學的選擇和道德判斷結果。同樣，如果我們想使「距離」概念對於歷史理解更有所助益，就不應局限疏遠或隔閡；從更廣泛的意義上看，距離必須包含建立接近和分離兩者動態互動平衡的關係。亦即距離應該指的是我們與過去關係的整個維度，而不是某個特定的點，是史家在理解歷史過程所表現出的「能動性」（agency）、政治、意識形態、心智能力、情意感受能力、審美態度和道德判斷的總和性結果。如此一來，歷史家可能為了加強某一事件的情感或政治影響，而使用這個詞來表示使過去的時刻變得接近和緊迫的可能性，也可能是為了強調歷史學家視野的客觀性、諷刺性或哲學性，用距離這個詞，亦同時標誌著從歷史場景中後退和抽離的態度。[†]

---

[*]　Marks Phillips, "Rethinking Historical Distance: From Doctrine to Heuristic," *History and Theory* 2011(50), 11-23.

[†]　Mark Salber Phillips, "Histories, Micro- and Literary: Problems of Genre and Distance," *New Literary History*, Spring, 2003, Vol. 34, No. 2,, pp. 211-229.

　　二十世紀史學史發展中，微觀史學（microhistory）擁有廣泛的追隨者，最具創新力和影響力的實踐者出現在二十世紀七〇年代的義大利，由卡洛・金茲伯格（Carlo Ginzburg）和喬瓦尼・列維（Giovanni Levi）領導。如金茲伯格所言，他們的工作重點是「在極近距離內分析高度限定的現象：一個村莊社區、一群家庭，甚至是一個人。」這種近距離聚焦的工作從當時的文化人類學中汲取了重要靈感，尤其是柯利弗德・格爾茨（Clifford Geertz）的「厚描」（thick description）的方法。*

　　歷史學家最有可能從情感認同和疏離的角度來看待距離，這些情感和意識形態層面的主題當然很重要。微觀史學說明一種新的歷史流派的出現，其創新之處就在重新定義「距離」。如果與年鑑學派的「長時段」相比，這種視角的轉變尤其引人注目。微觀史學對近距離關注的偏好，可以說是在某種程度上是以敘事技巧風格來展現的。很明顯地，若僅從形式上考慮，不能很準確理解《蒙塔尤》或《助產士的故事》的特性和價值，也不能將它們與更廣泛的當代情感聯繫起來。相反地，要分析這類作品的吸引力，我們需要探討

在二十世紀末的政治氣候下，特別是在性別政治中，微觀敘事如何讓歷史學家在情感和意識形態上更接近婦女、農民、宗教不信奉者和其他人的經歷，而他們的生活似乎在傳統的大敘事和客觀史學「疏離」的敘述中被抹去了。對於歷史學家和他們的讀者來說，微觀史學所提供的厚描、傳記細節和近距離的視角使歷史書寫的敘述風格更能去捕捉更細緻更動人的歷史生命世界的風景。[†]

當理解「文類」和「距離」在歷史方法論和知識論所涉及的諸多觀點，今日當我們迎來數位歷史學的時代，新的媒介和技術必然會對歷史敘述的方式和內容產生重大的影響。眾多的新的技術和敘述工具中，虛擬實境（VR）的出現，及其所具有的特性及其所提供的可能性，可以刺激歷史學家對「文類」和「距離」的再一次的思考。

＊　Phillips, Mark, "Distance and Historical Representation," *History Workshop Journal*, Issue 57, Spring 2004, pp. 123-141.

†　Phillips, Mark, "Distance and Historical Representation," *History Workshop Journal*, Issue 57, Spring 2004, 133.

VR 技術性質與歷史書寫的應用

虛擬實境（VR）是一種 360 度沉浸式數位媒體，它愈來愈多地被用於呈現過去。VR 技術最大的特點在於它是一種「空間的」（spatial）、「互動的」（interactive）、「視覺的」（visual）、「沉浸的」（immersive）和「身體性的」（embodied）技術，它可以將使用者「置身於」一個虛擬場景或故事世界中，並可讓使用者感受到過去的「直接感」（a sense of immediacy）和「臨場感」（a sense of presence）。其目的是讓使用者感覺自己參與了歷史事件，可以「親訪」古代遺址，在 VR 建構的場景中，能與過去的人們相遇並與他們進行了互動。[*] VR 的虛擬世界取代了真實物質環境，透過高度擬真模擬技術使用戶能沉浸在一個完全封閉的虛擬環境中。有關歷史的 VR 內容開發者嘗試使用「時光旅行」（time traveling）或「將過去帶入生活」（bringing the past to life）的話語來吸引、推廣這些數位體驗。

之所以與客觀觀察者的距離感和疏離感形成鮮明對比

的是：VR 能將使用者「轉移」（transportation）至歷史的世界中，產生了一種「體驗性的」（experiential）、「感官性的」（sensory）、「身體性」（embodied）和「情感性的」（affective）經驗。VR 中對過去的沉浸式「數位再現」（digital representation）的體驗性質，使其類似將歷史純粹地視為是一種體驗，是一種可以（重新）創造的東西。[†]當 VR 帶給使用者一種前所未有的感官沉浸以及身體和情感的參與，這使得 VR 勢必成為歷史知識和記憶政治的一個有影響力的載體。[‡]

---

[*]　Rūta Kazlauskaitė "Virtual Reality History," Bloomsbury History: Theory and Method.

[†]　Brauer, J., and M. Lücke, "Emotion." In *The Routledge Handbook of Reenactment Studies: Key Concepts in the Field*, edited by V. Agnew, J. Lamb, and J. Tomann, (London: Routledge, 2020), 53-56. .

[‡]　Kingsepp, E. and P. van den Heede. 2022. "Immediacy/Hypermediacy." In Bloomsbury History: Theory and Method. London: Bloomsbury.

（一）VR 技術的性質

要認識 VR 在歷史再現領域提供了哪些觀看和認識的方式，有必要理解其獨特的再現策略和技術創新部分。在 VR 的有關定義中，一些重複出現的術語是沉浸感（immersion）、臨場感（presence）、互動性（interaction）、感覺（feeling）、存有（being）、感知（perception）和參與（participation）。*在不同學者間，VR 定義各有其不同的側重面向：如「沉浸在虛擬世界中，與虛擬世界中的物體互動，讓人感覺自己是虛擬世界的真正參與者」†；「是感知真實過程的技術再現」‡；「作為一種包含四個要素的媒介：虛擬世界、沉浸感、感官回饋和交互性」※以及作為「研究人類在認知和感知方面是什麼的儀器」。◎與之前的媒體設備不同，VR 的每個元件都必須與人體運動緊密協調。§隨著身體的運動，眼睛、耳朵、身體的各種運動系統和皮膚接收到關於虛擬環境的新感知資訊。當模擬的環境與大腦對特定環境中下一步應該發生什麼的預期相吻合時，大腦和身體就會對這種體驗做出反應，就好像它是真實的一樣。#

虛擬環境中的沉浸感被定義為「電腦顯示器能夠向人類

參與者的感官提供包容（inclusive）、廣泛（extensive）、
環繞（surrounding）和生動的現實幻覺（vivid illusion of
reality）」。[&]要特別說明的是：「臨場感」（presence）雖

＊　Rūta Kazlauskaitė "Virtual Reality History," Bloomsbury History:
Theory and Method.

†　Magnenat-Thalmann, N., and D. Thalmann. 1994. *Artificial Life and Virtual Reality*, edited by N. Magnenat-Thalmann and D. Thalmann, xi. Chichester: John Wiley & Sons, xi.

‡　Hillis, K. 1999. Digital Sensations: Space, Identity, and Embodiment in Virtual Reality. Minneapolis: University of Minnesota Press, xiv.

※　Sherman, W. R., and A. B. Craig. 2002. Understanding Virtual Reality: Interface, Application, and Design. 1st ed. Morgan Kaufmann, 6-10.

◎　Lanier, J. 2017. *Dawn of the New Everything: Encounters with Reality and Virtual Reality*. New York: Henry Holt and Company, 1..

§　Lanier, J. 2017. *Dawn of the New Everything: Encounters with Reality and Virtual Reality*. New York: Henry Holt and Company, 6.

＃　Bailenson, J. 2018. Experience on Demand: What Virtual Reality Is, How It Works, and What It Can Do. New York, NY: W. W. Norton & Company.

＆　Slater, M., and S. Wilbur. 1997. "A Framework for Immersive Virtual Environments (FIVE): Speculations on the Role of Presence in Virtual Environments." *Presence: Teleoperators and Virtual Environments* 6 (6): 603-616.

然與沉浸感有關，但它是一個不同的概念，指的是一種「身臨其境」的感覺。*臨場感的其他定義強調了將用戶「轉移」（transport）到不同時間和地點的能力。†

作為最核心之處，VR 的重要特徵是：它是一種互動的媒介。VR 體驗中用戶的重要性不亞於 VR 環境內容。沉浸感是視覺、聲音、敘事和觸覺（觸摸和運動）以及用戶對 VR 體驗的情緒或取向所產生的屬性。‡如此一來，意味著用戶在 VR 中對過去的再現的體驗在很大程度上取決於他們之前對該媒介的接觸和期望，譬如在參與之前他們對該主題的歷史知識，以及可能持有的與特定歷史主題或主題相關的個人信仰、情感、思維模式和觀點。※

VR 允許特定技術系統和虛擬環境的邏輯中構建和塑造人的能動性和身體性互動。◎這就解釋了為什麼 VR 不僅在娛樂行業得到了廣泛的成功，而且還透過模擬技術在教育和培訓等不同領域都能得到了廣泛應用。VR 應用可以鼓勵用戶「質疑什麼是真實的，並在沉浸式體驗中探索多種不同的過去」§以及培養移情能力。#

抱持上述看法的，如電影製片人克里斯・米爾克（Chris

Milk）（2015年）發表題為「VR如何創造終極移情機器」的熱門TED演講，讓VR作為「移情機器」（empathy machine）的流行形象不斷擴散。[&] 儘管移情是歷史知識理

* Sheridan, T. B. 1992. "Musings on Telepresence and Virtual Presence." *Presence: Teleoperators and Virtual Environments* 1 (1): 120-6.

† Lombard, M., and T. Ditton. 1997. "At the Heart of It All: The Concept of Presence." Journal of Computer-Mediated Communication 3 (2): no pagination.

‡ Evans, L. 2018. The Re-Emergence of Virtual Reality. 1st ed. New York and Abingdon: Routledge, 9.

※ Rūta Kazlauskaitė, "Virtual Reality History," *Bloombary History: Theory and Method.*

◎ Evans, L. 2018. *The Re-Emergence of Virtual Reality.* 1st ed. New York and Abingdon: Routledge, 39.

§ Allison, J. 2008. "History Educators and the Challenge of Immersive Pasts: A Critical Review of Virtual Reality 'Tools' and History Pedagogy." *Learning, Media, and Technology* 33 (4): 343-352, 344.

Ceuterick, M., and C. Ingraham. 2021. "Immersive Storytelling and Affective Ethnography in Virtual Reality." *Review of Communication* 21 (1): 9-22. Bailenson, J. 2018. *Experience on Demand: What Virtual Reality Is, How It Works, and What It Can Do.* New York, NY: W. W. Norton & Company.

& Chris Milk. "How virtual reality can create the ultimate empathy machine." https://www.ted.com/talks/chris_milk_how_virtual_reality_can_create_the_ultimate_empathy_machine, accessed July 17. 2023.

論的一個組成部分，*但它仍然是一個有爭議的概念。†例
如，客觀主義歷史學‡強調對過去個體的理解需要在歷史證
據的基礎上對人們的思想、信仰、價值觀和行為進行超脫
的、認知性的重建；還有一種更綜合的定義，這涵蓋了同理
心的認知、情感和倫理維度，※並認為情感參與是歷史移情
不可或缺的一部分。

　　有鑑於移情概念的爭議性和複雜性，另一條道路是
可以將 VR 概念化為一種視角和情感訓練設備，展示認知
者與被認知者、自我與他者之間關係的動態認知和情感要
素。◎歷史的 VR 體驗，作為空間和具身經驗（Embodied
cognition），在認識者和被認識者、主體和客體、現在和
過去之間調解（關鍵）距離和（情感）接近。§當使用者在
VR 體驗中採用自身視角時，他們的身體就成了探索過去歷
史和個人經歷的載體。從這種意義上，VR 是一種訓練和培
養使用者換位思考能力（perspective taking）的設備：它可
以用來「嘗試和體現不同的視角，以及探索我們與他人之間
的距離，無論是過去還是現在」。#當使用者採用不同的視
角時，他們可能會被鼓勵反思他們所採用的視角是如何影響

* Collingwood, R. G. 1946. *The Idea of History*. Oxford, UK: Clarendon Press. Dilthey, W. 1989. *Selected Works, Vol. 1: Introduction to the Human Sciences*. Princeton: Princeton University Press. Dray, W. 1957. "The Historical Explanation of Actions Reconsidered." In *Philosophy and History: A Symposium*, edited by S. Hook, 108-110. New York, NY: New York University Press.

† Retz, T. 2018. *Empathy and History: The Context of Historical Understanding in Re-Enactment, Hermeneutics and Education*. New York, NY: Berghahn Books.

‡ Seixas, P., L. Gibson, and K. Ercikan. 2015. "A Design Process for Assessing Historical Thinking." In *New Directions in Assessing Historical Thinking*, edited by K. Ercikan and P. Seixas, 102-13. New York: Routledge.

※ Barton, K. C., and L. S. Levstik. 2004. *Teaching History for the Common Good*. Mahwah, NJ: Lawrence Erlbaum. Endacott, J. L., and S. B. Brooks. 2013. "An Updated Theoretical and Practical Model for Promoting Historical Empathy." *Social Studies Research and Practice* 8 (1): 41-58.

◎ Kazlauskaitė, R. 2021. "Perspective and the Past: Modeling Historical Representation from Camera Obscura to Virtual Reality." (E-pub ahead of print). *Journal of the Philosophy of History*, 15.

§ Grever, M. 2013. "Paradoxes of Proximity and Distance in Heritage Education." In *Forschungswerkstatt Geschichtsdidaktik 12*, edited by J. Hodel, M. Waldis, and B. Ziegler, 192-203. Bern: HEP Der Bildungsverlag.

Kazlauskaitė, R. 2021. "Perspective and the Past: Modeling Historical Representation from Camera Obscura to Virtual Reality." (E-pub ahead of print). *Journal of the Philosophy of History*, 17.

他們理解他人經驗的能力的。*

　　露塔・卡斯勞特凱特（Kazlauskaitė）綜合地指出了 VR 用戶與所表現的過去之間的四種關係模式，每種模式都包含對過去的一種特定視角：「投射（projection）、複製（replication）、斷裂（rupture）和對話關注（dialogical attention）」。†這幾種關係模式及其各自的視角可以共存於一個 VR 體驗中。‡在這四種模式下，過去的個人經歷這些關係模式，可以促進多視角性，打破固有的敘事，幫助人們對有爭議或困難的過去進行換位思考；它們也可能被記憶政治所利用，歪曲過去的事件，操縱使用者的情緒。VR 體驗所帶來的對過去的情感和身體性參與，使得這種技術不僅是一種換位思考訓練設備，也是一種情感訓練的設備。※內容創作者可以透過對視角的刻意選擇，向用戶灌輸特定的理想情感，這樣的影響必須得到深入的審視。◎

　　虛擬實境（VR）體驗中所提供的「移情」（empathy）和「換位思考」（perspective-taking）可以視為重現歷史和情感的歷史書寫的最新發展。VR 體驗由於注重體驗性，主要是將過去呈現為一種「活生生的過去」，或過去人們的生

活經歷。VR 體驗縮短了認識者與被認識者之間的距離，並
強調身臨其境的沉浸感和情感投入，這會有助於對歷史的理
解、視角的把握以及強化與過去的關係。[§]透過提供一種對
遙遠和／或不存在的事物的身臨其境和沉浸式體驗，VR 對
過去的再現可能會促進一種（多）視角的歷史想像力，這種

＊　Kazlauskaitė, R. 2021. "Perspective and the Past: Modeling Historical
　　Representation from Camera Obscura to Virtual Reality." (E-pub
　　ahead of print). *Journal of the Philosophy of History*, 18.

†　Kazlauskaitė, R. 2022b. "Knowing Is Seeing: Distance and Proximity
　　in Affective Virtual Reality History." *Rethinking History* 26 (1): 51-
　　70.

‡　Kazlauskaitė, R. 2022b. "Knowing Is Seeing: Distance and Proximity
　　in Affective Virtual Reality History." *Rethinking History* 26 (1): 51-
　　70.

※　Rūta Kazlauskaitė "Virtual Reality History," Bloomsbury History:
　　Theory and Method.

◎　Arora, G. 2017. *Gabo Arora: How Can VR Promote Social Causes?*
　　Paris: Paris Virtual Film Festival, Le Forum des images, June 30.
　　https://www.youtube.com/watch?v=E91qyR0J8FQ.

§　Kazlauskaitė, R. 2022b. "Knowing Is Seeing: Distance and Proximity
　　in Affective Virtual Reality History." *Rethinking History* 26 (1): 52-3.

想像力介於感官與思考、感知與基於證據的推理之間。*

　　我們必須要認識到這些身臨其境的視聽體驗，是如何將觀眾和過去相互聯繫起來，即透過涉及投射、複製、斷裂和對話的關係模式來關注過去。這些關係模式都是透過近距離和遠距離裝置所配置的，它們的結合，在每一次的 VR 體驗中都產生了一種獨特的方法和視角來看待過去。†

（二）VR 技術應用於歷史書寫：以《距離之書》
（The Book of Distance）為例

　　讓我們來看一個實際運用的例子。《距離之書》是以一個家族故事為基礎的虛擬實境體驗，它在講述日裔加拿大藝術家沖田蘭德爾（Randall Okit）祖父沖田米藏的一生。沖田米藏於 20 世紀 30 年代從日本移民到加拿大。正如標題所暗示的那樣，該體驗的最大特點是在距離與接近、不在場與在場之間的雙重關係，同時提供參與者沉浸式體驗、情感投入、互動以及對個人生活經歷的關注。‡

　　沖田蘭德爾以第二人稱的視角講述其祖父的故事，並將自己置身於故事場景中。故事開始於一個昏暗的房間。在蘭

德爾面前的講臺上放著一本大書，蘭德爾打開了它。第一頁上刻著蘭德爾的獻詞：「致你，時間旅行者：這是一封寫給未來的情書。我寫這封信是為了我們未來的心，為了那些正在成長和許願的人，其中包括我的侄子，他繼承了我祖父沖田米藏的名字。願你仔細聆聽，驕傲前行。」從故事發生的時間，這是一個跨越三代之間的故事，蘭德爾講述這個故事是為了與他的家族過去重新建立起情感的連接和記憶的延續。透過 VR，在故事的展開過程中觀眾一步步被邀請參與沖田米藏不同人生階段的經歷。蘭德爾本人也出現在其中，他重建並反思了沖田藏的一生以及他祖父經歷的廣泛的政治背景。特別奇妙的地方是，作者沖田蘭德爾可以與觀眾見面並與之互動。

　　觀看過程中，我們可以清楚地看到，這個故事對蘭德爾有著深刻的情感和個人意義。《距離之書》敘述的特別

＊　David J. Staley, *Historical Imagination* (New York: Routledge, 2021)

†　David Staley, *Historical Imagination* (London: Routledge, 2021).

‡　Rūta Kazlauskaitė, "Knowing IS Seeing: Distance and Proximity in Affective Virtual Reality History," *Rethinking History*, 2022 26:1, 51-70.

之處在於除了強調 VR 的體感經驗能夠調動觀眾情感，同時也盼能在觀眾心中重建和重新想像他祖父所經歷的過去的複雜性，和沉默、不在場以及理解他人經歷過程中的種種不確定性。接觸過去感受到的這種不確定性和不在場是此次體驗的核心主題之一。開頭的一個場景中，蘭德爾的父親簡明扼要地表達了這一主題，他坐在廚房裡對蘭德爾說：「你了解祖父。他能以他的不在場表現他的存在。」（He was so present by his lack of presence.）例如，有一個場景讓蘭德爾特別難以想像，二戰爆發後，他的祖父被加拿大當局送進了集中營。蘭德爾意識到，他的祖父從未提起過這段經歷，也許是因為回憶起來太過痛苦和羞恥；在蘭德爾所建構的集中營空間中，他很難「看到」祖父沖田米藏的身影。

在他祖父歷史中所表現的創傷、沉默以及不在場，促使蘭德爾有更大的動機想了解其祖父的生活，並試圖再次體驗其經歷，感受其複雜的情感。整個故事體驗過程中，蘭德爾不斷與他自己以及和觀眾進行反思性對話，他向自己、也向觀眾提問：「你如何開始想像整個人生？」、「20 世紀 30 年代廣島的房子是什麼樣的？」、「當你去冒險時，你會帶

些什麼？」、「離開他唯一熟悉的家，去到一個他只能想像的地方是什麼感覺？」、「這個年輕人的希望是什麼？」、「自己建造房子是什麼感覺？」，以及「希望成真的感覺如何？」等問題。透過這些問題，蘭德爾希望邀請觀眾以如同移情（empathy）、換位思考（perspective-taking）和歷史想像（historical imagination）的歷史理解方式，進入其祖父的生命經驗世界中，體驗其希望、挫折、恐懼和羞恥等等情感。

　　蘭德爾的時間旅行的隱喻揭示敘述中時間的多層次性、相互關聯性和重疊性。在這空間中同時存在多個時空，這些時空有時會同時出現在同一個沉浸式空間中。雖然故事是以線性敘事的方式講述的，但整個 VR 體驗給人的印象是不同時間的交織與重疊的結構。卡斯勞特凱特將這些時空交織重疊稱之為「空間體驗的身體性隱喻」（embodied metaphor of spatial experience）。＊蘭德爾和觀眾在以下場景中穿越

＊　Rūta Kazlauskaitė, "Knowing IS Seeing: Distance and Proximity in Affective Virtual Reality History," 53.

和交替：蘭德爾的辦公室，固定在 2019 年蘭德爾敘述者的現在；他父親在卡爾加里的廚房，也是在 2019 年；1935 年和 1945 年廣島祖父家的場景；一艘輪船駛離碼頭，隨後抵達加拿大港口時的甲板；20 世紀 30 年代祖父在加拿大的房子、草莓農場、拘留營以及後來他在阿爾伯塔省被迫工作的甜菜田的場景。蘭德爾的家族史敘述既為沖田家族的後代，也是為廣大觀眾講述的，其體現的「歷史意識」（historical consciousness），這樣的目的在於將過去和現在時空與未來期待聯繫為一個有意義的時間序列。

蘭德爾在這個時空交錯的想像空間中移動，既擔任追溯並建構家族歷史的角色，也擔任家族史的敘述者。然而，蘭德爾的敘述視角與策略採用在場／不在場、親近／疏遠的雙重關係。例如在這個敘述空間中，他從未與祖父或其他家庭成員直接互動，而只是在遠處觀看和評論事件的發展，在這個空間中表現其祖父的生活經歷。他同時置身其中，與空間互動，又與空間保持距離，這種既親近／疏遠、在場／不在場以及真實／想像的雙重關係，揭示了在 VR 重建過去的重要本質。重新建構的生活體驗是感性的、直觀的、直接的和

實體的，但同時很大程度上它仍然是遙遠的和猜測性的，尤其是當相關的證詞和歷史資料被掩蓋、遺失或創傷性壓抑而遺忘時更是如此。

　　整個體驗過程中，他讓不同的觀眾在想像空間中的位置各不相同。在某些場景中，作為觀眾的我們身處蘭德爾的辦公室，他和我們交談，有時甚至在我們周圍構建場景，或者教我們如何玩馬蹄鐵，這是他以前和祖父一起玩的遊戲。我們會共用同一個歷史空間，我們被邀請參與其中，參與填補知識空白的行動。在其他場景中，觀眾沉浸在米藏的生活場景中，並被鼓勵與周圍的空間和物品互動。例如，他的妹妹遞給我們一支筆，讓我們寫信；我們可以幫米藏收拾行李箱；當他離開廣島港時，我們同時站在船的甲板上，緊挨著他；幫助他和他的妻子清理田裡的石塊，在他家房子周圍修建籬笆，並在田裡播下草莓種子；二戰開始後，我們目睹了他和他的家人如何被強行帶離家園，送往集中營；我們進入了米藏和他的兒子在阿爾伯塔省居住的小木屋，透過牆壁的縫隙，可以聽到和看到狼的嚎叫。作為一名觀眾，我們被邀請透過參與的方式參與歷史想像。透過觀看、

聆聽、觸摸和移動，可以進入一個「過去的現象世界」（a phenomenological world of the past），而這個世界已不復存在，它是透過對現有證據的想像而實現的。*

　　重要的是，在 VR 空間中，觀眾從未以第一人稱視角體驗過米藏的生活；因此作為觀眾，他從未占據過沖田米藏的身體。在整個 VR 體驗過程中，觀眾一方面可以是歷史想像力的參與者，另一方面也可以是米藏人生經歷和蘭德爾試圖解決其家族過去問題的見證者。換句話說，觀眾仍然站在第二人稱視角，與沖田米藏（和蘭德爾）共同存在於想像的空間中。

　　在 VR 體驗過程中，觀眾與重建的過去之間的距離也會發生變化。在觀眾與米藏和他的家人共用同一空間、協助他們完成不同任務以及透過觸摸和移動物體進行身體互動的場景中，距離會變小。然而，在其他場景中，例如在廣島的房子裡，觀眾的位置離場景幾米遠，我們的視線透過燈光只集中在周圍 360 度視野中的一小部分。這種效果就像面對劇院舞臺一樣。在這方面，故事敘述方式的一個有趣特點是，作為觀眾，我們還被鼓勵使用在體驗過程中多次出現在觀眾面

前的照相機為家庭場景拍照。除了廣島的那張照片之外，我們拍攝的所有快照都變成了沖田家族檔案中的真實照片，有時我們還可以將它們拿在手上仔細觀看。雖然與物件的身體互動應該產生接近的效果，但由於相機凝視的距離效應，結果是放大了距離感，而不是將自己投射到情境中。[†]

　　作為敘述者，蘭德爾他的角色也表現出了雙重性，他既是歷史的重構者，同時也是歷史經驗的直接體驗者。在敘述中他也因為重新經驗了祖父的生命經驗，而表現出強烈的情感投入，當他又以第二人稱敘述角度，與過去接觸的方式表現了敘述的距離感。蘭德爾在反思重建生活的困難時，提供了有關二戰期間日裔加拿大人被拘禁的事實資訊，以及運用原始照片、信件、政府公告和其他檔案的鮮活逼真證據。這為米藏作為日裔加拿大移民的經歷提供了更廣泛的政治背景。這是一封寫給沖田家後代的「情書」，是對他的家族和

---

[*]　David J. Staley, *Historical Imagination* (New York: Routledge, 2021)

[†]　Rūta Kazlauskaitė, "Knowing IS Seeing: Distance and Proximity in Affective Virtual Reality History, 58.

其他日裔加拿大人所遭受的國家認可的種族歧視之批判，也是改變其家族歷史意義的努力。正如蘭德爾在一次訪談中明確指出：「讓我的家族歷史發聲，尤其是涉及歧視和恥辱的歷史發聲，會改變我們在身體中承載這段歷史的方式。」*《距離之書》的敘述形式和內容具體生動地將歷史理解與情感洞察力結合在一起，這不僅對蘭德爾本人或他的家庭成員，而且對更廣泛的觀眾來說，都應該是一種變革。情感歷史成為對生活經歷的一種身體性理解，它觸動和感動著我們，並塑造了我們理解過去的方式。†

《距離之書》是關於一個移民家庭如何面對在異鄉奮鬥謀生的努力和艱難、在二戰時期遭受加拿大政府的種族歧視和壓迫艱難的過去、如何壓抑這段創傷性記憶，最後透過追憶與重構家族史，為先人、自己和後人尋求將過去、現在和未來重新連接在一起，並賦予意義。這是一種參與性、情感

* Rūta Kazlauskaitė, "Knowing IS Seeing: Distance and Proximity in Affective Virtual Reality History," 60.

† Vanessa Agnew, "History's affective turn: Historical reenactment and its work in the present," Rethinking History 2007 3(11), 299-312.

性、內在性和互動性的想像行為。在這種 VR 體驗中，親近與距離、在場與不在場相互交織，形成了一種富有成效的敘述感染力，不僅有助於我們理解蘭德爾祖父的個人經歷，也有助於理解日裔加拿大移民作為一個群體的經歷。與過去的情感聯繫就像一個錨，支撐著人們的想像力和填補知識空白的興趣。雖然《距離之書》透過將觀眾帶入過去時空的想像環境而縮短了距離，但它從未試圖完全消除認知者與被認識對象之間的差距。

小結

　　以虛擬現實（VR）為基礎的歷史敘事體驗，深刻地影響了觀眾對過去的理解方式。透過身體性、情感性、內在性和互動性的融合，我們將具有不僅拉近了觀眾與歷史之間的距離，更引起了對歷史的情感聯繫，激發了對當代社會問題的思考的機會。一如《距離之書》的敘事結構、觀眾參與以及 VR 技術的運用。

　　讓我們一起省思，透過虛擬現實將創建了一個「過去的

現象世界」，使觀眾能夠以第一人稱視角參與歷史場景。如同前述觀眾在沖田米藏和其家人的生活中互動，進一步了解日裔加拿大移民的生活經歷。這種身臨其境的體驗拉近了觀眾對過去的距離感，使歷史不再是遙不可及的過去，而是一個可以身歷其境的實在存在。

　　其次，觀眾作為歷史想像的參與者和米藏生命經歷的見證者，擁有了獨特的敘事角度。這種雙重性既讓觀眾與歷史人物共同存在，又能保持了觀眾對過去的客觀觀點。這樣的敘事結構不僅具有深厚的情感厚度，同時也讓觀眾能夠冷靜地思考過去的歷史事件，不被情感所壓倒。

　　再者，《距離之書》作品中巧妙運用的政治背景和事實資訊，使得個人家族故事超越了個體層面，成為對整個日裔加拿大移民群體歷史經驗的批判性反思。這種集體歷史的串聯，使得觀眾在追溯家族歷史的同時，也能更廣泛地理解特定社群在歷史中所經歷的風雨。此外，VR技術的運用進一步豐富了觀眾對過去的體驗。透過身體互動、物體觸摸、空間移動等元素，觀眾的參與感達到了前所未有的高度。然而，作者巧妙地指出，雖然這種互動性縮小了觀眾與過去的

距離，但絕不意味著完全消除。觀眾在特定場景中可能感受到距離被拉近，但在其他場景中，距離感又被放大，營造出劇場舞臺的效果，這是故意的設計，讓觀眾同時保持對過去的一種客觀觀點。

情感歷史的表述在虛擬實境環境中變得更為深刻，藉此人們對歷史有更深刻的理解。透過身體投入、情感聯繫，觀眾與過去建立起一個情感的定錨，這不僅豐富了個體的歷史認知，也成為理解集體歷史經驗的關鍵。VR 技術以其沉浸和身體性的特點，提供了一種前所未有的可能性，促進觀眾對歷史的情感聯繫，激發對當代社會議題的思考。

利用沉浸式和身體性的想像的媒介能力，將讓人們親身參與歷史證據，了解過去人們的生活。虛擬實境的體驗將距離和接近結合起來，產生了一種與過去的對話模式，這種模式使歷史理解經驗具有親近感、互動性和移情式參與，使我們對歷史人物的經驗、情感、思想和更廣泛的背景有更深入和更廣泛的接觸與體驗。它為歷史理解經驗提供一個前所未有的可能性和機會，證明了提供情感和經驗的虛擬實境的歷史敘述方式和內容，在促進觀眾對歷史人物產生移情和換位

思考能力方面將受其產生重大影響。*

　　總的來說，透過 VR 體驗方式，或許能成功地打破了傳統歷史敘事的界限，使得觀眾能夠更深入、更全面地理解過去。這種敘事形式不僅提供了一種全新的歷史教育方式，同時也促進了觀眾對歷史人物和集體經驗的情感連結。如同《距離之書》的設計與敘事策略，歷史敘事的數位轉向，有著更多的可能性。這也將為未來歷史敘事和教育提供有價值的參考，激發更多關於過去的深入思考和對當代社會的關切。

---

* Rūta Kazlauskaitė, "Knowing IS Seeing: Distance and Proximity in Affective Virtual Reality History," 62.

注釋

導論

1. Charlie Gere. 2002. *Digital Culture*. London: Reaktion Books.

2. Angus Stevenson, ed. 2010. *Oxford Dictionary of English*, 3rd edn. Oxford: Oxford University Press, 490.

3. See especially parts I and II in Martin Campbell-Kelly and Daniel D. Garcia-Swartz. 2015. *From Mainframes to Smartphones: A History of the International Computer Industry.* Cambridge, MA: Harvard University Press.

4. Peter Barry and Patrick Crowley. 2012. *Modern Embedded Computing: Designing Connected, Pervasive, Media-Rich Systems.* Elsevier: Amsterdam, 23–4.

5. 許多作者都未質疑沃森這句話的真實性。see, for example, Pekka Himanen. 2001. *The Hacker Ethic and the Spirit of the Information Age.* New York: Random House.

6. Asa Briggs and Peter Burke. 2009. *A Social History of the Media: From Gutenberg to the Internet*, 3rd edn. Cambridge:

Polity, 241-2.

7. Campbell-Kelly and Garcia-Swartz. *From Mainframes to Smartphones*, 105-23.

8. Hugh Schofield. 2012. 'Minitel: The rise and fall of the France-wide web'. *BBC News Magazine* (Paris), 28 June. https://www.bbc.com/news/magazine-18610692.

9. Gabriele Balbi and Paolo Magaudda. 2018. *A History of Digital Media: An Intermedia and Global Perspective*. New York: Routledge.

10. Bangemann Group. 1994. 'Europe and the global information society'. In *Growth, Competitiveness and Employment. White Paper Follow-up*. Luxembourg: Office for Official Publications of the European Communities. http://aei.pitt.edu/1199/1/info_society_bangeman_report. Pdf.

11. 例如，日本在千禧年的世紀之交，由新的國家 IT 政策推動了建立 e 化日本的概念。See, for example, Jane M. Bachnik. 2003. 'Introduction: Social challenges to the IT revolution in Japanese education'. In *Roadblocks on the Information Highway: The IT Revolution in Japanese Education*, edited by Jane M. Bachnik. Lanham, MD: Lexington Books, 3–6. Regarding Japan's technological history, see Tessa MorrisSuzuki. 1994. *The Technological Transformation of Japan: From the Seventeenth to the Twenty-first Century*.

Melbourne: Cambridge University Press.

12. Virginia Center for Digital History, website capture 28 April 1999. https://web.archive.org/web/19990428182149/http://vcdh.virginia.edu/.

13. Daniel J. Cohen et al. 2008. 'Interchange: The promise of digital history'. *The Journal of American History* 95 (2): 452-91.

14. On Rosenzweig's definition, see, for example, Digital History, SHSU Library. https://shsulibraryguides.org/digitalhistory.

15. Stephen Robertson. 2016. The differences between digital humanities and digital history'. In *Debates in the Digital Humanities 2016*, edited by Lauren F. Klein and Matthew K. Gold. Minneapolis, MN: University of Minnesota Press.

16. Douglas Seefeldt and William G. Thomas. 2009. 'What is digital history?', *Perspectives on History: The newsmagazine of the American Historical Association* 1 May. https://www.historians.org/publica tions and directories/perspectives-on-history/may-2009/what-is-digital-history.

17. Steven E. Jones. 2016. *Roberto Busa, S. J., and the Emergence of Humanities Computing: The Priest and the Punched Cards.* New York: Routledge.

18. Jane Winters. 2018. 'Digital history'. In *Debating New Approaches to History*, edited by Marek Tamm and Peter

244

Burke. Kindle edition. New York: Bloomsbury Academic.

19. Petri Paju. 2019. 'International collaboration and Finland in the early years of computer-assisted history research: Combining influences from Nordic and Soviet Baltic historians'. In *Proceedings of the 4th Digital Humanities in the Nordic Countries, Copenhagen, 6–8 March 2019*, 349–57. http://ceur-ws.org/Vol-2364/31_paper.pdf.

20. Melissa Terras. 2011. "Quantifying digital humanities', UCL Centre for Digital Humanities. https://www.ucl.ac.uk/infostudies/melissa-terras/Digital Humanities Infographic. Pdf.

第一章

1. Fernand Braudel. 1949. *La Méditerranée et le Monde Méditerranéen a l'époque de Philippe II*, 3 vols. Paris: Armand Colin; Fernand Braudel. 1995. *The Mediterranean and the Mediterranean World in the Age of Philip II*, translated by Siân Reynolds, 2 vols. Berkeley, CA: University of California Press; Fernand Braudel. 1967–1979. *Civilisation matérielle, économie et capitalisme, Xve-XVIIIe siècle*. Paris: Armand Colin; Fernand Braudel. 1992. *Civilization and Capitalism, 15th-18th Century*, translated by Siân Reynolds, 3 vols. Berkeley, CA: University of California Press. On the longue durée approach to history, see Jo Guldi and David Armitage. 2014. *The History*

Manifesto. Cambridge: Cambridge University Press, 14–37.

2. Winters, Digital history'; Paju, 'International collabo-ration and Finland in the early years of computer-assisted history research'; Pat Hudson and Mina Ishizu. 2016. *History by Numbers: An Introduction to Quantitative Approaches*. London: Bloomsbury Academic.

3. Ethan Kleinberg. 2017. *Haunting History: For a Deconstructive Approach to the Past*. Stanford, CA: Stanford University Press.

4. 在數位垃圾的情況下這點特別明顯。See, for example, Jussi Parikka. 2011. 'Introduction: The materiality of media and waste'. In *Medianatures: The Materiality of Information Technology and Electronic Waste*, edited by Jussi Parikka. Ann Arbor, MI: Open Humanities Press.

5. Katherine Pennavaria. 2015. *Genealogy: A Practical Guide for Librarians*. Lanham, MD: Rowman & Littlefield, 89.

6. Melissa M. Terras. 2011. 'The rise of digitization: An overview'. In *Digitisation Perspectives*, edited by Ruth Rikowski. Rotterdam: Sense Publishers, 11.

7. Ibid., 4.

8. Janice Krueger. 2014. *Cases on Electronic Records and Resource Management Implementation in Diverse Environments*. Hershey, PA: Information Science Reference, 108.

9. Terras, 'The rise of digitization: An overview', 11.

10. Antonio Sánchez de Mora. 2017. *Digitized documents in the Archivo General de Indias: Technical advantage to preserve a historical legacy.* https://coop.hypotheses.org/files/2017/11/ ENG-Digitize-documents-in-the-ArchivoGeneral-de-Indias. pdf. See also Terras, 'The rise of digitization: An overview, 4-5.

11. de Mora, *Digitized documents in the Archivo General de Indias.*

12. Steve Lohr. 1995. "I.B.M. to help Vatican open its archives to the computing masses'. *The New York Times*, 28 March: 3.

13. For further details, see DigiVatLib. https://digi.vatlib.it.

14. Brian Dodson. 2012. Vatican Library is digitizing 1,5 million pages of ancient manuscripts', *New Atlas*, 23 April. https:// newatlas.com/vatican-digitizing-ancientmanuscripts/22257/.

15. In 2016, the MIT team published a solution based on terahertz waves; see Larry Hardesty. 2016. 'Judging a book through its book through its cover: New computational imaging method identifies letters printed on first nine pages of a stack of paper'. *MIT News*, 9 September. http://news.mit.edu/2016/ computational-imaging-method-reads-closed-books-0909. See also Albert Redo-Sanchez, Barmak Heshmat, Alireza Aghasi, Salman Naqvi, Mingjie Zhang, Justin Romberg and Ramesh Raskar. 2016. Terahertz time-gated spectral imaging for content extraction through layered structures'. Nature

Communications, 9 September. https://www.nature.com/ articles/ncomms12665.pdf.

16. Marinus Swanepoel. 2008. *Digitization Initiatives: A Reconnaissance of the Global Landscape.* https://opus. uleth. ca/bitstream/handle/10133/2553/Digitization_initiatives.pdf. See also Sara Gilbert. 2009. *The Story of Google.* Mankato, MN: Creative Education.

17. Adam Sutherland. 2012. *The Story of Google.* New York: The Rosen Publishing Group, 33.

18. Joab Jackson. 2010. Google: 129 million different books have been published'. PCWorld, 6 August. https://www.pcworld. com/article/202803/google_129_million_different_books_ have_been published.html.

19. Stephen Heyman. 2015. 'Google Books: A complex and controversial experiment. *The New York Times*, 28 October. https://www.nytimes.com/2015/10/29/arts/international/ google-books-a-complex-and-controver sial-experiment.html.

20. See the Project Gutenberg website at https://www. gutenberg. org/

21. For further details, see the Project Runeberg website at http:// runeberg.org/.

22. Swanepoel, Digitization Initiatives.

23. For the contents of the collection, see http://ulib.isri.cmu. edu/

ULIBOurCollections.htm.

24. UNESCO. 2017. *Unesco Memory of the World Programme. General Guidelines. Approved text December 2017*, https:// en.unesco.org/sites/default/files/mow_draft_guidelines_ approved_1217.pdf.

25. For further details, see Europeana Portal, https://www. europeana.eu/portal/en.

26. 'Our Mission, Europeana, https://pro.europeana.eu/our-mission/history.

27. Terras, "The rise of digitization: An overview', 6–8.

28. See the Australian collection at https://trove.nla.gov.au/ newspaper/and the Brazilian Hemeroteca Digital at http:// bndigital.bn.gov.br/.

29. See, for example, the Wikipedia list of historical newspaper archives at https://en.wikipedia.org/wiki/Wikipedia:List_of_ online_newspaper_archives.

30. Thomas Mann. 2015. *The Oxford Guide to Library Research*, 4th edn. Oxford: Oxford University Press, 306.

31. Niels Brügger and Ditte Laursen. 2019. 'Introduction: Digital humanities, the web, and national web domains'. In *The Historical Web and Digital Humanities: The Case of National Web Domains*, edited by Niels Brügger and Ditte Laursen. Abingdon, Oxon: Routledge, 1-9.

32. On historical ontology and epistemology, see Ian Hacking. 2002. *Historical Ontology.* Cambridge, MA: Harvard University Press, 1-9.

33. Gere, *Digital Culture*, 17-38.

34. Lauren Rabinovitz and Abraham Geil, eds. 2004. *Memory Bytes: History, Technology, and Digital Culture.* Durham, NC: Duke University Press, 4.

35. Search results with 'born digital, Google Ngram Viewer. https:// books.google.com/ngrams/graph?contentborn+digital&year_ start=1900&year_end=2008&corpus=15& smoothing=3&share =&direct_url= t1%3B%2Cborn%20digital%3B%2Cco.

36. Siegfried Zielinski. 1989. *Audiovisionen: Kino und Fernsehen als Zwischenspiele.* Reinbek: Rowohlts Enzyklopädie.

37. Siegfried Zielinski. 1999. *Audiovisions: Cinema and Television as Entr'actes in History.* Amsterdam: Amsterdam University Press. There is also a Hungarian translation from 2009 Audiovíziók - A mozi és a televízió mint a törrténelem közjátékai.

38. On the definition of the 'viral', see for example *Oxford Living Dictionaries.* https://en.oxforddictionaries.com/definition/viral.

39. *Oxford Dictionary of English*, 3rd online edn. Oxford: Oxford University Press, 2015, DOI: 10.1093/acref/9780199 571123.001.0001

40. Crystal Fulton and Claire McGuinness. 2016. *Digital Detectives: Solving Information Dilemmas in an Online World.* Cambridge, MA: Chandos Publishing, 158.

41. KONY 2012. https://www.youtube.com/watch?v= Y4Mnpz G5Sqc.

42. Douglas Rushkoff. 1994. *Media Virus! Hidden Agendas in Popular Culture.* New York: Ballantine Books, 3

43. Ibid., 9.

44. Jussi Parikka. 2007. *Digital Contagions. A Media Archaeology of Computer Viruses,* Digital Formations, Vol. 44. New York: Peter Lang.

45. Rushkoff, *Media Virus!,* 9.

46. Parikka, *Digital Contagions.*

47. Henry Jenkins. 2006. *Fans, Bloggers, and Gamers: Exploring Participatory Culture.* New York: New York University Press, 1; Henry Jenkins. 2006. *Convergence Culture: Where Old and New Media Collide.* New York: New York University Press, 3.

48. Jure Leskovec, Lada A. Adamicand Bernardo A.Huberman. 2007. "The dynamics of viral marketing'. *ACM Trans. Web,* 1 (1), article 5. DOI 10.1145/1232722.1232727.

49. See, for example, Robert Audi. 2003. *Epistemology: A Contemporary Introduction to the Theory of Knowledge,* 2nd edn. New York: Routledge.

50. Wayback Machine. https://archive.org/web/.

51. Hannu Salmi. 2011. 'Cultural history, the possible the principle of plenitude'. *History and Theory* 50 (May): 171-87.

52. See, for example, Melda N. Yildiz, Minaz Fazal, Meesuk Ahn, Robert Feirsen and Sebnem Ozdemir, eds. 2019. *Handbook of Research on Media Literacy Research and Applications Across Disciplines.* Hershey, PA: Information Science Reference, 237; Patricia J. Campbell, Aran MacKinnon and Christy R. Stevens. 2010. *An Introduction to Global Studies.* Malden, MA: WileyBlackwell, 255.

53. For further details, see Marshall McLuhan's presentation published in Robert L. Stern, ed. 1967. *Technology and World Trade: Proceedings of a symposium, November 16–17, 1966.* Washington, DC: US Government Printing Office, 11. McLuhan referred, for example, to the French philosopher Jacques Ellul, who wrote: 'The Twentieth Century child is engaged from morning to night processing data, on a massive scale.'

54. On media archaeology, see Jussi Parikka. 2012. *What Is Media Archaeology?* Cambridge: Polity.

55. Niels Brügger. 2018. The Archived Web: Doing History in the Digital Age. Cambridge, MA: MIT Press, 5. See also Brügger and Laursen, 'Introduction: Digital humanities, the web, and

252

national web domains', 1-2.

第二章

1. Francis Bacon. 1986. *The Essays*. Harmondsworth: Penguin, 209.

2. James Raven. 2018. *What is the History of the Book?* Cambridge: Polity.

3. Anthony Brundage. 2018. *Going to the Sources: A Guide to Historical Research and Writing*, 6th edn. Hoboken, NJ: John Wiley & Sons, 92.

4. On the etymology of reading', see 2008. *Oxford English Dictionary*, 3rd edn. Oxford: Oxford University Press.

5. On extensive and intensive reading, see Rolf Engelsing. 1974. *Bürger als Leser*. Stuttgart: Metzler. On Engelsing's ideas, see also Gideon Reuveni. 2006. *Reading Germany: Literature and Consumer Culture in Germany Before 1933*. New York: Berghahn, 6–7.

6. Peter Burke. 2004. *What Is Cultural History?*. Cambridge: Polity, 135.

7. On the cultural turn, see ibid., 31-3.

8. Annette Federico. 2016. *Engagements with Close Reading*. Abington, Oxon: Routledge, 3-4.

9. Paul Jay, 2014. *The Humanities 'Crisis' and the Future of*

Literary Studies. Basingstoke: Palgrave Macmillan, 133.

10. Eero Tarasti, ed. 2011. *Musical Signification: Essays in the Semiotic Theory and Analysis*. Berlin: De Gruyter.

11. E.E. Fournier d'Albe. 1920. "The type-reading optophone'. *Scientific American*, October: 109–10.

12. For further details, see Mary Elizabeth Stevens. 1961. *Automatic Character Recognition: A state-of-the-artreport*. Washington, DC: National Bureau of Standards. https:// www.govinfo.gov/content/pkg/GOVPUB-C13-e723fb75 b1725d344792abdccc4faa96/pdf/GOVPUB-C13-e723fb 75b1725d344792abdccc4faa96.pdf.

13. Franco Moretti. 2000. 'Conjectures on world literature'. *New Left Review*, January-February: 57.

14. Franco Moretti. 2005. *Graphs, Maps, Trees: Abstract Models for a Literary History*. London: Verso, 1.

15. Moretti, 'Conjectures on world literature', 57.

16. See, for example, Stefan Jänicke, Greta Franzini, Muhammad Faisal Cheema and Gerik Scheuermann. 2015. 'On close and distant reading in digital humanities: A survey and future challenges'. *Eurographics Conference on Visualization (Euro Vis), 25-29 May 2015, Cagliari, Italy*. The Eurographics Association. https://www.informatik.uni-leipzig.de/-stjaenicke/ Survey.pdf; Bob Nicholson. 2012. Counting culture; or, How

to read Victorian newspapers from a distance'. *Journal of Victorian Studies* 17 (2): 238–46.

17. Cf. a blog posting by Elena Langle. 2015. 'Distant reading vs. close reading'. *Digital Humanities* (blog), 19 May. https://elenadigi.wordpress.com/2015/05/19/distant-reading-vs-close-reading/.

18. Stephen Best and Sharon Marcus. 2009. Surface reading: An introduction'. *Representations* 108 (1): 1–21.

19. Moretti, 'Conjectures on world literature', 55.

20. Margaret Cohen. 1999. *The Sentimental Education of the Novel*. Princeton, NJ: Princeton University Press, 23.

21. Moretti, 'Conjectures on world literature',54.

22. Ibid., 57.

23. Moretti quotes Marc Bloch. 1928. Pour une histoire comparée des sociétés européennes'. *Revue de synthèse historique*, 37: 15-50.

24. Moretti, 'Conjectures on world literature', 56-7.

25. For further details, see Jänicke et al., 'On close and distant reading in digital humanities'.

26. Moretti, 'Conjectures on world literature', 57.

27. See, for example, Jänicke et al., 'On close and distant reading in digital humanities?; Geerben Zaagsma. 2013. 'On digital history'. *BMGN – Low Countries Historical Review* 128 (4):

3–29.

28. Scott Weingart. 2014. "The moral role of DH in a data-driven world'. *DH2016* (blog), 14 September. http://www.scottbot. net/HIAL/index.html@p=40944.html.

29. Frédéric Clavert. 2012. 'Lecture des sources historiennes à l'ère numérique'. 14 November, http://www.clavert.net/ wordpress/?p=1061.

30. Tim Hitchcock. 2018. 'Microscopes and macroscopes: Computer assisted close reading of historical texts'. In *The XXVI Veikko Litzen Lecture*, University of Turku, 30 November. https://echo360.org.uk/lesson/G_8ffaa75d-ccf6-4131-b125-0a5d3960fa9c_c9bc6e5f-2370-461f-a42a-bf627c 2dd894_201811-30T16:10:00.000_2018-11-30T18:00:00.000/ classroom#sortDirection=desc. See also Niels Brügger and Ralph Schroeder, eds. 2017. *The Web as History: Using Web Archives to Understand the Past and the Present*. London: UCL Press, 241.

31. Big data'. *Oxford Dictionary of English*. https://www. oed. com.

32. *The Oxford Dictionary of English* quotation has been noted by other authors, including Michael J. Tarr and Elissa M. Aminoff. 2016. Can big data help us understand human vision?' In *Big Data in Cognitive Science*, edited by Michael N. Jones.

New York: Routledge; Carmel Martin, Keith Stockman and Joachim P. Sturmberg. 2019. 'Humans and big data: New hope? Harnessing the power of personcentred data analytics'. In *Embracing Complexity in Health: The Transformation of Science, Practice, and Policy*, edited by Joachim P. Sturmberg. Cham: Springer, 126.

33. Charles Tilly. 1980. The old new social history and the new old social history'. CRSO Working Paper 218: 7–8.

34. Lawrence Stone. 1979. "The revival of narrative: Reflections on a new old history'. *Past and Present*, 85: 3–24, 11.

35. Tilly, 'The old new social history and the new old social history, 8.

36. Tilly is quoting Stone, 'The revival of narrative: Reflections on a new old history', 13.

37. Edward Anthony Wrigley and Roger Schofield. 1981. *The Population History of England, 1541–1871: A Reconstruction*. Cambridge, MA: Harvard University Press.

38. Juhan Kahk. 1974. "Recent results of Soviet historians in use of mathematical methods and computers in agrarian history'. *Historisk Tidskrift* 94 (3): 414–21; Juhan Kahk. 1984. 'Quantitative historical research in Estonia: A case study in Soviet historiography'. *Social Science History* 8 (2): 193–200. For further details and similar efforts in Northern

Europe, see Petri Paju. 2019. 'International collaboration and Finland in the early years of computer-assisted history research: Combining influences from Nordic and Soviet Baltic historians'. In *Proceedings of the 4th Digital Humanities in the Nordic Countries*, Copenhagen, *6-8 March 2019*, 349–57. http://ceur-ws. org/Vol-2364/31_paper.pdf.

104 Notes to pp. 41-45

39. Gartner's IT Glossary. https://www.gartner.com/it-glossary/big-data/.

40. Rajan Saxena. 2016. *Marketing Management*, 5th edn. New Delhi: McGraw-Hill Education, [e-book, no pagination].

41. 'Big data'. Google Ngram Viewer. https://books.google com/ngrams.

42. Shawn Graham, Ian Milligan and Scott Weingart 2015. *Exploring Big Historical Data: The Historian's Macroscope*. London: Imperial College Press, 3.

43. Melvin Wevers and Thomas Smits. 2020. "The visual digital turn: Using neural networks to study historical images'. *Digital Scholarship in the Humanities* 35 (1): 194–207. See also Elijah E. Meeks. 2013. "Is digital humanities too text-heavy?' *Stanford University Libraries* (blog), 26 July. https://dhs. stanford.edu/spatial-humanities/is-digitalhumanities-too-text-heavy/.

258

44. For further details, see Leopold von Ranke, ed. 2011. *The Theory and Practice of History*. London: Routledge. See also Peter Burke. 1990. *The French Historical Revolution: The Annales School, 1929–89*. Cambridge: Polity, 7.

45. Charles-Victor Langlois and Charles Seignobos. 1904. *Introduction to the Study of History*, translated by G.G. Berry. New York: Henry Holt and Company, 17.

46. Johan Huizinga. 1922. *The Waning of the Middle Ages: A Study of the forms of life, thought and art in France and the Netherlands in the fourteenth and fifteenth centuries*. Harmondsworth: Penguin Books, 4.

47. Burke, *The French Historical Revolution*, 12–31.

48. Edward Bulwer Lytton. 1838. A newspaper'. *The Bradford Observer*, 31 May.

49. List of online newspaper archives, https://en.wikipedia. org/wiki/Wikipedia:List_of_online_newspaper_archives.

50. *Japan Times Digital Archive* (1897–2014). https://www. japantimes.co.jp/2014/12/05/press-release/116-year-japan-times-digital-archives-now-available-subscription/#. XUrBCOgzY2z.

51. Frankfurter Allgemeine Zeitung (1993-). https://fazarchiv. faz. net targetUrl=%2FFAZ.ein.

52. Digital Newspaper Archives of National Library of Greece.

http://efimeris.nlg.gr/ns/main.html.

53. Hemeroteca Digital, Biblioteca Nacional España. http://www.bne.es/es/Catalogos/Hemeroteca Digital/.

54. La Guinea Española. http://www.bioko.net/guinea espanola/laguies.htm

55. Andrew Prescott. 2018. "Searching for Dr Johnson: The digitisation of the Burney newspaper collection'. In *Travelling Chronicles: News and Newspapers from the Early Modern Period to the Eighteenth Century*, edited by Siv Gøril Brandtzæg, Paul Goring and Christine Watson. Leiden: Brill, 49-71, 57.

56. Ibid.

57. Mila Oiva, Hannu Salmi and Asko Nivala. 2018. *Digitized Newspapers at the National Library of Finland, Suomen kansalliskirjaston digitoidut sanomalehdet*, 20 February, https://oceanicexchanges.org/2018-02-20-data-reports-finland/. See also Majlis Bremer-Laamanen. 2006. 'Connecting to the past – Newspaper digitisation in the Nordic countries'. In *International Newspaper Librarianship for the 21st Century*, edited by Hartmut Walravens. Munich: K.G. Saur, 45-50.

58. Herbert F. Schantz. 1982. *The History of OCR, Optical Character Recognition*. Boston, MA: Recognition Technologies Users Association; Stephen V. Rice, George

Nagy and Thomas A. Nartker. 1999. *Optical Character Recognition: An Illustrated Guide to the Frontier.* New York: Springer Science+Business Media.

59. ABBYY FineReader. https://www.abbyy.com/en-eu/finereader/specifications/.

60. Tim Hitchcock. 2013. 'Confronting the digital, or how academic history writing lost the plot. *Cultural and Social History* 10 (1): 9-23, 13.

61. The Early Modern OCR Project, http://emop.tamu.edu/.

62. On digital noise, see Johan Jarlbrink and Pelle Snickars. 2017. 'Cultural heritage as digital noise: Nineteenth century newspapers in the digital archive'. *Journal of Documentation* 73 (6): 1228–43; Ryan Cordell. 2017. "Qi-itb the Raven": Taking dirty OCR seriously'. *Book History* 20 (1): 188-225.

63. *Singapore Chronicle and Commercial Register*, 15 February 1827, http://eresources.nlb.gov.sg/newspapers/Digitised/Article/singchronicle18270215-1.2.4.

64. National Library of Australia. Trove. https://trove.nla.gov.au/newspaper/.

65. Jarlbrink and Snickars, 'Cultural heritage as digital noise', 1228-1230.

66. Cordell, ""Q i-jtb the Raven"'.

67. The Impresso Project. https://impresso-project.ch/.

68. The NewsEye Project. https://www.newseye.eu/.

69. I have worked on the transnational fame of Niccolò Paganini and Franz Liszt and drawn on the American, Australian, Austrian, Brazilian, British, Dutch, Finnish, Norwegian and Swedish newspaper repositories. For further details, see Hannu Salmi. 2016. "Viral virtuosity and the itineraries of celebrity culture'. In *Travelling Notions of Culture in Early Nineteenth-Century Europe*, edited by Asko Nivala, Hannu Salmi and Jukka Sarjala. New York: Routledge, 135-53.

70. Europeana Newspapers. https://www.europeana.eu/portal/fi/collections/newspapers.

71. Oceanic Exchanges: Tracing Global Information Networks in Historical Newspaper Repositories, 1840–1914. https://oceanicexchanges.org/. DOI 10.17605/OSF.IO/WA945.

72. For further details, see https://oceanicexchanges.org/news/.

73. See slide 6, M.H. Beals. *Oceanic Exchanges: Building a Transnational Understanding of Digitised Newspapers*, Loughborough University. https://orcid.org/0000-00022907-3313. See also M.H. Beals and Emily Bell, with contributions by Ryan Cordell, Paul Fyfe, Isabel Galina Russell, Tessa Hauswedell, Clemens Neudecker, Julianne Nyhan, Sebastian Padó, Miriam Peña Pimentel, Mila Oiva, Lara Rose, Hannu Salmi, Melissa Terras and Lorella Viola. 2020. *The Atlas of*

Digitised Newspapers and Metadata: Reports from Oceanic Exchanges. Loughborough. DOI: 10.6084/m9.figshare. 11560059.

74. 除了資料轉儲以外,需要的資料也可以透過可用的 API(應用程式介面)獲得,或是從介面上獲取 XML(標記語言)檔案。

75. Open Data, National Library of Luxembourg, https://data.bnl. lu/data/historical-newspapers/.

76. Transkribus. https://transkribus.eu/Transkribus/.

77. 'Crowdsourcing with Transkribus at Amsterdam City Archives', 14 March 2019, https://read.transkribus.eu/2019/ 03/14/crowdsourcing-transkribus-amsterdam/.

78. Jordan Boyd-Graber, David Mimno and David Newman. 2015. Care and feeding of topic models'. In *Handbook of Mixed Membership Models and Their Applications*, edited by Edoardo M. Airoldi, David Blei, Elena A. Erosheva and Stephen E. Fienberg. Boca Raton, FL: CRC Press, 226.

79. Ted Underwood. 2019. 'Algorithmic modeling. Or, modeling data we do not yet understand'. In *The Shape of Data in Digital Humanities: Modeling Texts and Text-based Resources*, edited by Julia Flanders and Fotis Jannidis. Abingdon, Oxon: Routledge.

80. David Blei, Andrew Ng and Michael I. Jordan. 2013. 'Latent

Dirichlet allocation'. *The Journal of Machine Learning Research* 3: 993–1022.

81. MALLET: A Machine Learning for Language Toolkit. http:// mallet.cs.umass.edu.

82. Shawn Graham, Scott Weingart and Ian Milligan. 2012. "Getting started with topic modeling and MALLET'. *The Programming Historian*, 2 September. https://programminghistorian.org/en/ lessons/topic-modeling-and-mallet.

83. Tze-1 Yang, Andrew J. Torget and Rada Mihalcea. 2011. 'Topic modeling on historical newspapers'. *Proceedings of the 5th ACL-HLT Workshop on Language Technology for Cultural Heritage, Social Sciences, and Humanities, Portland, OR.* Association for Computational Linguistics,96-104. https:// www.aclweb.org/anthology/W11-1513.

84. See, for instance, David J. Newman and Sharon Block.2006. Probabilistic topic decomposition of an eighteenthcentury American newspaper". *Journal of the American Society for Information Science and Technology* 18 (1): 753–67; David Mimno. 2012. 'Computational historiography: Data mining in a century of classics journals". *Journal on Computing and Cultural Heritage* 5 (1): 1-19; Lino Werheim. 2017. 'Economic history goes digital: Topic modeling the Journal of Economic History'. BGPE Discussion Paper Series. Bavarian Graduate

Program in Humanities, 177. http://bgpe.de/texte/DP/177_
Wehrheim. pdf.

85. Jänicke et al., 'On close and distant reading in digital
     humanities'.

86. Ibid.

87. *The Programming Historian*, https://programminghistorian.
     org/.

88. For further details on various methods of distant reading, see
     The Programming Historian, https://programminghistorian.
     org/en/lessons/?topic=distant-reading.

89. Franco Moretti. 2013. *Distant Reading*. London: Verso, 214-
     22.

90. For further details on network analysis, see *The Programming
     Historian*, https://programminghistorian. org/en/
     lessons/?topic=network-analysis.

91. Graham et al., *Exploring Big Historical Data*, 195–234.

92. See, for example, the diagram by Marco Büchler in G.
     Franzini, E. Franzini and M. Büchler. 2016. *Historical Text
     Reuse: What Is It?*, http://www.etrap.eu/historical-text-re-use/

93. Lincoln Mullen. 2016. *America's Public Bible: Biblical
     quotations in US newspapers*. http://americaspublicbible. org/.

94. Marco Büchler, Gregory Crane, Maria Moritz and Alison
     Babeu. 2012. 'Increasing recall for text re-use in historical

documents to support research in the humanities'. In *Theory and Practice of Digital Libraries: Proceedings of the Second International Conference on Theory and Practice of Digital Libraries*, edited by P. Zaphiris. Berlin: Springer Verlag, 95-100. On text reuse, see also, G. Franzini, E. Franzini and Marco Büchler. 2016. 'Historical text reuse: What is it?'. eTRAP. http://www. etrap.eu/historical-text-re-usel.

95. The KITAB project. http://kitab-project.org/textreuse-methods/.

96. David A. Smith, Ryan Cordell and Elizabeth Maddock Dillon. 2013. 'Infectious texts: Modeling text reuse in nineteenth-century newspapers, *IEEE International Conference on Big Data, 6-9 October 2013*. Silicon Valley, 86–94. See also Ryan Cordell. 2015. "Viral textuality in nineteenth-century US newspaper exchanges'. In *Virtual Victorians: Networks, Connections, Technologies*, edited by Veronica Alfano and Andrew Stauffer. New York: Palgrave Macmillan, 34.

97. For further details, see *Oceanic Exchanges: Tracing Global Information Networks in Historical Newspaper Repositories*, 1840–1914. https://oceanicexchanges.org/. On the results of the project, see Mila Oiva, Asko Nivala, Hannu Salmi, Otto Latva, Marja Jalava, Jana Keck, Laura Martínez Domínguez and James Parker. 2019. 'Spreading news in 1904: The media coverage of Nikolay Bobrikov's shooting'. *Media History*.

DOI: https://doi. org/10.1080/13688804.2019.1652090.

98. Hannu Salmi, Heli Rantala, Aleksi Vesanto and Filip Ginter. 2019. 'The long-term reuse of text in the Finnish press, 1771– 1920'. In *Proceedings of the 4th Digital Humanities in the Nordic Countries, Copenhagen, Denmark, 6–8 March 2019.* Copenhagen: University of Copenhagen, 394-404. http://ceur-ws.org/Vol-2364/36 paper.pdf.

99. In addition to *The Programming Historian*, see also, for example, Graham et al., *Exploring Big Historical Data*; and M.H. Beals. 2016. *Digital History: An Introductory Guide.* London: Bloomsbury Academic.

100. On Latour and on the materiality of texts, see Kristin Asdal and Helge Jordheim. 2018. 'Texts on the move: Textuality and historicity revisited'. *History and Theory* 57 (1): 56-74.

101. Leo Lahti, Jani Marjanen, Hege Roivainen and Mikko Tolonen. 2019. Bibliographic data science and the history of the book (c. 1500-1800)'. *Cataloging and Classification Quarterly* 57 (1): 5-23.

第三章

1. *The Valley of the Shadow*, http://valley.lib.virginia.edu/VoS/maps4.html.

2. Jo Guldi. 2011. What is the Spatial Turn? https://spatial.

scholarslab.org/spatial-turn/.

3. Doris Bachmann-Medick. 2016. *Cultural Turns: New Orientations in the Study of Culture*. Berlin: De Gruyter, 211-13.

4. Asko Nivala, Hannu Salmi and Jukka Sarjala. 2016. 'Introduction'. In *Travelling Notions of Culture in Early Nineteenth-Century Europe*, edited by Asko Nivala, Hannu Salmi and Jukka Sarjala. New York: Routledge, 4–5.

5. University of Houston, Digital History, links to historical maps, http://www.digitalhistory.uh.edu/maps/maps.cfm; Cambridge University Library, digital maps, https://www. lib.cam.ac.uk/collections/departments/maps/digital-maps; A. Lenschau-Teglers and V.G. Rønsberg. 2005. 'Digitised maps in the Danish map collection'. *LIBER Quarterly* 15 (1). DOI: http://doi.org/10.18352/lq.7801; José Borbinha, Gilberto Pedrosa, João Gil, Bruno Martins, Nuno Freire, Milena Dobreva and Alberto Wyttenbach. 2007. 'Digital libraries and digitised maps: An early overview of the DIGMAP project. In *Asian Digital Libraries. Looking Back 10 Years and Forging New Frontiers*. ICADL 2007. Lecture Notes in Computer Science, vol. 4822, edited by D.H.L. Goh, T.H. Cao, I.T. Sølvberg and E. Rasmussen. Berlin: Springer.

6. Lenschau-Teglers and Rønsberg, Digitised maps in the Danish

map collection'. See also the Map Collection of the Royal Library of Denmark, http://www5.kb.dk/en/nb/samling/ks/index.html.

7. National Library of Argentina, digitized map collection, https://catalogo.bn.gov.ar.

8. British Library, Digital mapping, https://www.bl.uk/collection-guides/digital-mapping.

9. British Library, Maps, https://www.bl.uk/subjects/maps.

10. British Library, Globes, https://www.bl.uk/collectionguides/globes.

11. Graham et al., *Exploring Big Historical Data*, 172.

12. Ibid.

13. Anne Kelly Knowles. 2008. 'GIS and history'. In *Placing History: How Maps, Spatial Data, and GIS are Changing Historical Scholarship*, edited by Anne Kelly Knowles. Redlands, CA: ESRI Press, 12.

14. New York Public Library, NYPL Map Warper, http://maps.nypl.org/warper/maps?show_warped=1. See also Lincoln Mullen's tutorial for using digital maps, *Introduction to Spatial History and Mapping: Doing Digital History*, https://lincolnmullen.com/files/downloads/pdf/spatialhistory.doing-dh.pdf.

15. Harri Kiiskinen. 2013. *Production and Trade of Etrurian Terra*

Sigillata Pottery in Roman Etruria and Beyond between c. 50 BCE and c. 150 CE. Turku: University of Turku. http://urn.fi/ URN:ISBN:978-951-29-5400-1. See, for example, pp. 64 and 80.

16. Sandra Rendgen. 2018. *The Minard System: The Complete Statistical Graphics of Charles-Joseph Minard from the Collection of the École nationale des ponts et chaussées.* New York: Princeton Architectural Press.

17. On Minard's map, see Asko Nivala. 2016. 'Catastrophic revolution and the rise of romantic *Bildung*'. In *Travelling Notions of Culture in Early Nineteenth-Century Europe*, edited by Asko Nivala, Hannu Salmi and Jukka Sarjala. New York: Routledge, 25.

18. Rendgen, *The Minard System*, 7-8.

19. Ibid., 40-1.

20. Graham et al., *Exploring Big Historical Data*, 173.

21. Rijksmusem Amsterdam. https://www.rijksmuseum.nl/.

22. For further details, see RMN Photo, https://www.photo. rmn.tr/ Collections.

23. Europeana: 1914-1918, https://www.europeana.eu/portal/fi/ collections/world-war-I.

24. Lev Manovich. 2015. 'Data science and digital art history'. *International Journal for Digital Art History* 1: 13-35, 33.

25. Ibid.

26. Taylor Arnold and Lauren Tilton. 2019. 'Distant viewing: Analyzing large visual corpora'. *Digital Scholarship in the Humanities*, published online 15 March 2019. https:// distantviewing.org/pdf/distant-viewing.pdf.

27. David Martin-Jones. 2019. *Cinema Against Doublethink: Ethical Encounters with the Lost Pasts of World History.* Abingdon, Oxon: Routledge, ebook [no pagination); Dario Compagno. 2018. Introduction'. *Quantitative Semiotic Analysis*, edited by Dario Compagno. Cham: Springer Verlag, 22.

28. Arnold and Tilton, 'Distant viewing: Analyzing large visual corpora', 11.

29. Ibid.

30. For further details, see Zhicun Xu, Peter Smit and Mikko Kurimo. 2018. "The AALTO system based on fine-tuned Audioset features for DCASE2018 task2 General purpose audio tagging'. In *Proceedings of the Detection and Classification of Acoustic Scenes and Events 2018 Workshop* (DCASE2018). Tampere: Tampere University of Technology, 24–8. http://dcase. community/documents/challenge 2018/ technical_reports/DCASE2018_Xu_28.pdf; Tuomas Kaseva. 2019. *SphereDiar – An efficient speaker diarization system*

for meeting data. Helsinki: Aalto University. http://urn.fi/
URN:NBN:fi:aalto-201906234129.

31. Alan Wee-Chung Law and Shilin Wang. 2009. *Visual Speech Recognition: Lip Segmentation and Mapping.* Hershey, PA: Medical Information Science Reference; Guoping Qiu, Kin Man Lam, Hitoshi Kiya, Xiang-Yang Tue, C.-C. Jay Kuo and Michael S. Lew, eds. 2010. *Advances in Multimedia Information Processing.* Berlin: Springer Verlag; Michal Kawulok, Emre Celebi and Bogdan Smolka, eds. 2016. *Advances in Face Detection and Facial Image Analysis.* Cham: Springer Verlag.

32. Tretyakov Gallery. https://www.tretyakovgallery.ru/en/.

33. RMN Photo. https://www.photo.rmn.fr/Agence/Presen tation.

34. IMDb Datasets. https://www.imdb.com/interfaces/.

35. Bo McCready. 2019. 'Film genre popularity 1910–2018'. https://public.tableau.com/profile/bo.mccready8742#!/vizhome/Film GenrePopularity-1910-2018/GenreRelative Popularity.

36. 例如，2020 年 1 月 1 日，芬蘭國家視聽學院在網站上釋出超過 2000 支短片和 287 支劇情長片：https://elonet. finna.fi/

第四章

1. Bruno Latour. 1993. *We Have Never Been Modern*, translated by Catherine Porter. Cambridge, MA: Harvard University Press, 1-2.

2. Alexander Refsum Jensenius. 2012. 'Disciplinarities: Intra, cross, multi, inter, trans'. *Alexander Refsum Jensenius* (blog), 12 March. http://www.arj.no/2012/03/12/disciplinarities-21. For further details, see Marilyn Stember. 1991. 'Advancing the social sciences through the interdisciplinary enterprise'. *The Social Science Journal* 28 (1): 1-14. On transdisciplinarity, see also Dena Fam, Linda Neuhauser and Paul Gibbs, eds. 2018. *Transdisciplinary Theory, Practice and Education: The Art of Collaborative Research and Collective Learning*. Cham: Springer Verlag.

3. Julie Thompson Klein. 2015. *Interdisciplining Digital Humanities: Boundary Work in an Emerging Field*. Ann Arbor, MI: University of Michigan Press, 20.

4. Katri Huutoniemi, Julie Thompson Klein, Henrik Bruun and Janne Hukkinen. 2010. 'Analyzing interdisciplinarity: Typology and indicators'. *Research Polity* 39 (1): 79-88.

5. Ibid., 83.

6. Ibid., 85.

7. Yu-wei Lin. 2012. 'Transdisciplinarity and digital humanities:

Lessons learned from developing text-mining tools for textual analysis'. In *Understanding Digital Humanities*, edited by David M. Berry. Basingstoke: Palgrave Macmillan, 295.

8.　Maciej Eder, Jan Winkowski, Michał Woźniak, Rafał L. Górski and Bartosz Grzybowsk. 2018. 'Text mining methods to solve organic chemistry problems, or Topic modeling applied to chemical molecules'. In *Digital Humanities 2018. Puentes – Bridges. Book of Abstracts. Libro de resúmenes*, edited by Jonathan Girón Palau and Isabel Galina Russell. Mexico City: Red de Humanidades Digitales, 562-5.

9.　Aleksi Vesanto, Asko Nivala, Heli Rantala, Tapio Salakoski, Hannu Salmi and Filip Ginter. 2017. 'Applying BLAST to text reuse detection in Finnish newspapers and journals, 1771-1910'. In *Proceedings of the 21st Nordic Conference of Computational Linguistics, Gothenburg, Sweden*, 23–24 May 2017, 54–8, http://www.ep.liu.se/ecp/133/010/ecp17133010. pdf. See also Hannu Salmi, Heli Rantala, Aleksi Vesanto and Filip Ginter. The long-term reuse of text in the Finnish press, 1771–1920'. *Proceedings of the 4th Digital Humanities in the Nordic Countries, Copenhagen, 6-8 March 2019*, 394-404, http://ceur-ws.org/Vol-2364/36_paper.pdf.

10.　Aleksi Vesanto, Filip Ginter, Hannu Salmi, Asko Nivala, Reetta Sippola, Heli Rantala and Petri Paju. *Text Reuse in Finnish*

Newspapers and Journals, 1771–1920. Database. http://comhis.fi/clusters.

11. Svensson refers to Mary Louise Pratt. 1991. 'Arts of the contact zone'. Profession 91: 33-40. Cf. Patrik Svensson. 2016. *Big Digital Humanities: Imagining a Meeting Place for the Humanities and the Digital.* Ann Arbor, MI: University of Michigan Press, 112.

12. Pratt, 'Arts of the contact zone', 33–40. See also Svensson, *Big Digital Humanities*, 112.

13. Max Kemman. 2017. The ends of the humanities abstract - Interdisciplinary ignorance'. *Max Kemman* (blog), 5 September, https://www.maxkemman.nl/2017/09/abstractinterdisciplinary-ignorancel.

14. Max Kemman. 2019. Trading zones of digital history. Luxembourg:University of Luxembourg. Abstract at https://www.maxkemman.nl/2019/03/thesis-abstract-tradingzones-of-digital-history/.

第五章

1. Daniel J. Cohen and Roy Rosenzweig. 2006. *Digital History: A Guide to Gathering, Preserving, and Presenting the Past on the Web.* Philadelphia, PA: University of Pennsylvania Press, 2.

2. *Mapping the Jewish Communities of the Byzantine Empire,*

http://www.byzantinejewry.net/.

3. *The Texas Slavery Project*, www.texasslaveryproject.org.

4. See also Douglas Seefeldt and William G. Thomas. 2009. 'What is digital history?', *Perspectives on History: The Newsmagazine of the American Historical Association*, 1 May. https://www.historians.org/publications-and-directories/ perspectives-on-history/may-2009/what-is-digital-history.

5. Lorenzetti Digital. https://ambrogiolorenzetti.wixsite. com/ digital/blank-q816y. See also Rodríguez Rojas, Andrés Elvis and Jose Nicolas Jaramillo Liévano. 2018. 'Lorenzetti Digital'. In *Digital Humanities 2018. Puentes - Bridges. Book of Abstracts. Libro de resúmenes. Mexico City 26–29 June 2018*, edited by Jonathan Girón Palau and Isabel Galina Russell. Mexico City: Red de Humanidades Digitales A.C., 661-2.

6. Robert Gaskins, 2007. 'PowerPoint at 20: Back to basics'. *Communications* 50 (12): 15–17.

7. Eugene Ch'ng and Vincent L. Gaffney. 2013. "Seeing things: Heritage computing, visualisation and the arts and humanities'. In *Visual Heritage in the Digital Age*, edited by Eugene Ch'ng, Vincent L. Gaffney and Henry Chapman. London: Springer Verlag, 2-4.

8. Moretti, *Graphs, Maps, Trees: Abstract Models for a Literary History*, 1-2.

9. For more on visualizations, see et al., Graham *Exploring Big Historical Data:The Historian's Macroscope*, 159-94.

10. AntConc. https://www.laurenceanthony.net/software/antconc/.

11. Voyant Tools. https://voyant-tools.org/. On the use of Voyant Tools, see, for example, Using Voyant Tools for Basic Text Analysis. https://publish.illinois.edu/commonsknowledge/2014/10/10/using-voyant-tools-forbasic-text-analysis/.

12. Gephi – The Open Graph Viz Platform. https://gephi. org/.

13. Asko Nivala, Hannu Salmi and Jukka Sarjala. 2018. 'History and virtual topology: The nineteenth-century press as material flow'. Historein 17 (2). http://dx.doi. org/10.12681/ historein.14612.

14. Jänicke et al., 'On close and distant reading in digital humanities', 4.

15. For further details, see the classification of research papers according to provided visualization techniques in ibid., 12.

16. Ibid., 13.

17. On these toolkits, see D3. https://d3js.org/, Prefuse (archived). https://web.archive.org/web/20181226 190156/http://prefuse. org/, Many Eyes. https://www.boostlabs.com/ibms-many-eyes-online-datavisualization-tool/.

18. Neatline. https://neatline.org/, GeoTemCo. http://www.

informatik uni-leipzig.de:8080/geotemco/.

19. InfoVis. https://infovis-wiki.net/wiki/Main_Page, Featurelens. http://www.cs.umd.edu/hcil/textvis/featu relens/, TextAre. http://www.visualcomplexity.com/vc/project.cfm?id=5.

20. See, for example, Digital Humanities: Tools & Software. https://guides.nyu.edu/dighum/tools, Digital Humanities: Tools and Resource Recommendations. https://libguides.mit. edu/c.php?g=176357&p=1158575, The Digital Humanities: Digital Visualization. https://libguides.usc.edu/c.php?g= 235247&p=1560835.

21. Ryan Cordell. 2013. The Spread of Charles MacKay's Poem 'The Inquiry' in Antebellum Newspapers. https://www. youtube.com/watch?v=YwDlyt7jhMs.

22. Ryan Cordell. 2015. *The Children'by Charles M. Dickinson.* https://www.youtube.com/watch?v=pVUjBpfYrFM.

23. Hannu Salmi. 2017. *Franz Liszts Tour in Europe, 1839-1847,* https://www.youtube.com/watch?v=Gnnna YaBXPc.

24. Ollie Bye. 2015. *The History of the World: Every Year,* https:// youtu.be/-6 Wu0Q7x5D0.

25. TimelineJS. https://timeline.knightlab.com/; TimelineJS, https://data.europa.eu/euodp/en/node/6551.

26. See, for example, Steven Pearson. 2017. 'Multiple temporalities, layered histories', *Contemporaneity: Historical Presence in*

Visual Culture, 6 (1): 83–8; Marek Tamm and Laurent Olivier, eds. 2019. *Rethinking Historical Time: New Approaches to Presentism.* London: Bloomsbury Academic.

27. Yuichi Ohta and Hideyuki Tamura, eds. 2014. *Mixed Reality: Merging Real and Virtual Worlds.* Berlin: Springer; Samuel Greengard. 2019. Virtual Reality. Cambridge, MA: MIT Press.

28. Jennifer Challenor and Minhua Ma. 2019. "A review of augmented reality applications for history education and heritage visualisation'. *Multimodal Technologies and Interaction* 3 (2): 1–20.

29. Ibid., 4-6; Gabriela Kiryakova, Nadezhda Angelova and Lina Yordanova, 2018. "The potential of augmented reality to transform education into smart education. *TEM Journal* 7 (3): 556-65.

30. See, for example, History Augmented Reality Content. http://www.classyr.com/school-curriculum-contentsubjects/augmented-reality-resources/history-augmentedreality-content/.

31. Story of the Forest. https://www.nationalmuseum. sg/our-exhibitions/exhibition-list/story-of-the-forest. See also Charlotte Coates. 2019. 'How museums are using augmented reality – Best practice from museums around the world. *MuseumNext* 7 February, https://www.museumnext.com/

article/how-museums-areusing-augmented-reality/.

32. Olli I. Heimo, Kai K. Kimppa, Laura Yli-Seppälä, Lauri Viinikkala, Timo Korkalainen, Tuomas Mäkilä and Teijo Lehtonen. 2017. 'Ethical problems in creating historically accurate mixed reality make-beliefs', *CEPE/ETHICOMP 2017 – Values in Emerging Science and Technology*, June 5-8, 2017. See also Lauri Viinikkala. 2019. *Digitaalisia valheita vai historiallista tietoa? Aineellisen todellisuuden, kerronnan ja historiallisen tiedon suhde yhdistetyn todellisuuden teknologiaa hyödyntävissä menneisyyden esityksissä.* Turku: University of Turku. http://urn.fi/URN:ISBN:978-951-29-7524-2.

33. Lauri Viinikkala. 2016. 'Digital but authentic? Defining authenticity of two church interiors mixed reality technology'. *Finskt Museum* no. 12: 31–49.

34. Seppo Helle, Hannu Salmi, Markku Turunen, Charles Woodward and Teijo Lehtonen. 2017. *MIRACLE Handbook: Guidelines for Mixed Reality Applications for Culture and Learning Experiences.* http://urn.fi/URN:ISBN:978-951-29-6884-8.

35. Time Machine. https://www.timemachine.eu/.

36. Venice Time Machine. https://www.epfl.ch/research/domains/venice-time-machine/.

結論

1. Marek Tamm and Peter Burke, eds. 2018. *Debating New Approaches to History*. New York: Bloomsbury Academic.

2. Marek Tamm. 2018. Introduction: A framework for debating new approaches to history'. In *Debating New Approaches to History*, edited by Marek Tamm and Peter Burke. Kindle edition. New York: Bloomsbury Academic, 9.

3. Lincoln Mullen. 2019. 'A braided narrative for digital history'. In *Debates in the Digital Humanities 2019*, edited by Matthew K. Gold. Minneapolis, MN: University of Minnesota Press, 382–8.

4. Jane Winters. 2018. 'Digital history'. In *Debating New Approaches to History*, edited by Marek Tamm and Peter Burke. Kindle edition. New York: Bloomsbury Academic.

5. Gale Digital Scholar Lab. https://www.gale.com/intl/primary-sources/digital-scholar-lab.

6. Toni Weller. 2013. 'Introduction: History in the digital age'. In *History in the Digital Age*, edited by Toni Weller. London: Routledge, 4.

延伸閱讀

Arnold, Taylor and Lauren Tilton. 2015. *Humanities Data in R*. New York: Springer.

Arnold, Taylor and Lauren Tilton. 2019. 'Distant viewing: analyzing large visual corpora'. *Digital Scholarship in the Humanities*, published online 15 March 2019. https://distantviewing.org/pdf/distant-viewing.pdf.

Bachmann-Medick, Doris. 2016. *Cultural Turns: New Orientations in the Study of Culture*. Berlin: De Gruyter.

Balbi, Gabriele and Paolo Magaudda. 2018. *A History of Digital Media: An Intermedia and Global Perspective*. New York: Routledge.

Beals, M.H. and Emily Bell, with contributions by Ryan Cordell, Paul Fyfe, Isabel Galina Russell, Tessa Hauswedell, Clemens Neudecker, Julianne Nyhan, Sebastian Padó, Miriam Peña Pimentel, Mila Oiva, Lara Rose, Hannu Salmi, Melissa Terras, and Lorella Viola. 2020. *The Atlas of Digitised Newspapers and*

Metadata: Reports from Oceanic Exchanges. Loughborough. DOI: 10.6084/m9.figshare.11560059.

Berry, David M., ed. 2012. *Understanding Digital Humanities*. Basingstoke: Palgrave Macmillan.

Briggs, Asa and Peter Burke. 2009. *A Social History of the Media: From Gutenberg to the Internet*, 3rd edn. Cambridge: Polity.

Brügger, Niels and Ditte Laursen, eds. 2019. *The Historical Web and Digital Humanities: The Case of National Web Domains*. Abingdon, Oxon: Routledge.

Brügger, Niels and Ralph Schroeder, eds. 2017. *The Web as History: Using Web Archives to Understand the Past and the Present*. London: UCL Press.

Campbell-Kelly, Martin and Daniel D. Garcia-Swartz. 2015. *From Mainframes to Smartphones: A History of the International Computer Industry*. Cambridge, MA: Harvard University Press.

Ch'ng, Eugene, Vincent L. Gaffney and Henry Chapman, eds. 2013. *Visual Heritage in the Digital Age*. London: Springer Verlag.

Clavert, Frédéric and Serge Noiret, eds. 2013. *L'histoire contemporaine à l'ère numérique/Contemporary History in the Digital Age*. Brussels: Peter Lang.

Cohen, Daniel J. and Roy Rosenzweig. 2006. *Digital History: A Guide to Gathering, Preserving, and Presenting the Past on the Web*. Philadelphia, PA: University of Pennsylvania Press.

Cohen, Daniel J. et al. 2008. 'Interchange: The promise of digital history'. *The Journal of American History* 95 (2): 452–91.

Cordell, Ryan. 2015. 'Viral textuality in nineteenth-century US newspaper exchanges'. In *Virtual Victorians: Networks, Connections, Technologies*, edited by Veronica Alfano and Andrew Stauffer, 29–56. New York: Palgrave Macmillan.

Cordell, Ryan. 2017. '"Q i-jtb the Raven": Taking dirty OCR seriously'. *Book History* 20 (1): 188–225.

Dougherty, Jack and Kristen Nawrotzki, eds. 2013. *Writing History in the Digital Age*. Ann Arbor, MI: University of Michigan Press.

Federico, Annette. 2016. *Engagements with Close Reading*. Abingdon, Oxon: Routledge.

Flanders, Julia and Fotis Jannidis, eds. 2019. *The Shape of Data in Digital Humanities: Modeling Texts and Text-based Resources*. Abingdon, Oxon: Routledge.

Foka, Anna, Jonathan Westin and Adam Chapman, eds. 2018. 'Digital technology in the study of the past'. Special issue, *Digital Humanities Quarterly* 12 (3). http://www. digitalhumanities.org/dhq/vol/12/3/index.html

Galgano, Michael J., Chris Arndt and Raymond M. Hyser. 2008. *Doing History: Research and Writing in the Digital Age*. Boston, MA: Wadsworth.

Gantert, Klaus. 2011. *Elektronische Informationsressourcen für*

Historiker. Berlin: De Gruyter.

Genet, Jean-Philippe and Andrea Zorzi, eds. 2011. *Les histo-riens et l'informatique: Un métier à réinventer*. Rome: École française de Rome.

Gere, Charlie. 2002. *Digital Culture*. London: Reaktion Books.

Gold, Matthew K., ed. 2019. *Debates in the Digital Humanities 2019*. Minneapolis, MN: University of Minnesota Press.

Graham, Shawn, Ian Milligan and Scott Weingart. 2016. *Exploring Big Historical Data: The Historian's Macroscope*. London: Imperial College Press.

Guldi, Jo. 2011. *What is the Spatial Turn?* https://spatial. scholarslab. org/spatial-turn/

Guldi, Jo and David Armitage. 2014. *The History Manifesto*. Cambridge: Cambridge University Press.

Haber, Peter. 2011. *Digital Past: Geschichtswissenschaft im Digitalen Zeitalter*. Munich: Oldenbourg Wissen-schaftsverlag.

Helle, Seppo, Hannu Salmi, Markku Turunen, Charles Woodward and Teijo Lehtonen. 2017. *MIRACLE Handbook: Guidelines for Mixed Reality Applications for Culture and Learning Experiences*. Turku, Finland: University of Turku.

Hitchcock, Tim. 2013. 'Confronting the digital, or how academic history writing lost the plot'. *Cultural and Social History* 10 (1): 9–23.

Jänicke, Stefan, Greta Franzini, Muhammad Faisal Cheema and Gerik Scheuermann. 2015. 'On close and distant reading in digital humanities: A survey and future challenges'. In *Eurographics Conference on Visualization (EuroVis), 25–29 May 2015, Cagliari, Italy*, edited by R. Borgo, F. Ganovelli, and I. Viola. The Eurographics Association. https://www.informatik.uni-leipzig. de/~stjaenicke/Survey. pdf.

Jarlbrink, Johan and Pelle Snickars. 2017. 'Cultural heritage as digital noise: Nineteenth century newspapers in the digital archive'. *Journal of Documentation* 73 (6): 1228–43.

Jenkins, Henry. 2006. *Convergence Culture: Where Old and New Media Collide*. New York: New York University Press.

Jenkins, Henry. 2006. *Fans, Bloggers, and Gamers: Exploring Participatory Culture*. New York: New York University Press.

Knowles, Anne Kelly, ed. 2008. *Placing History: How Maps, Spatial Data, and GIS are Changing Historical Scholarship*. Redlands, CA: ESRI Press.

Mandell, Laura. 2015. *Breaking the Book: Print Humanities in the Digital Age*. Malden, MA: Wiley-Blackwell.

Manovich, Lev. 2015. 'Data science and digital art history'. *International Journal for Digital Art History* 1: 13–35.

Moretti, Franco. 2000. 'Conjectures on world literature'. *New Left Review* 1, January–February: 54–68.

Moretti, Franco. 2005. *Graphs, Maps, Trees: Abstract Models for a Literary History*. London: Verso.

Moretti, Franco. 2013. *Distant Reading*. London: Verso.

Mullen, Lincoln. 2019. 'A braided narrative for digital history'. In *Debates in the Digital Humanities 2019*, edited by Matthew K. Gold, 382–388. Minneapolis, MN: University of Minnesota Press.

Nicholson, Bob, 2012. 'Counting culture; or, How to read Victorian newspapers from a distance', *Journal of Victorian Studies* 17 (2): 238–46.

Nivala, Asko, Hannu Salmi and Jukka Sarjala. 2018. 'History and virtual topology: The nineteenth-century press as material flow'. *Historein* 17 (2). http://dx.doi. org/10.12681/historein.14612.

Nygren, Thomas, Anna Foka and Philip Buckland. 2014. *The Status Quo of Digital Humanities in Sweden: Past, Present and Future of Digital History*. https://www.researchgate. net/publication/ 267452609_The_Status_Quo_of_Digital_ Humanities_in_ Sweden_Past_Present_and_Future_of_ Digital_History.

Nyhan, Julianne and Andrew Flinn, eds. 2016. *Computation and the Humanities: Towards an Oral History of Digital Humanities*. Cham: Springer.

Parikka, Jussi. 2007. *Digital Contagions: A Media Archaeology of Computer Viruses*. New York: Peter Lang.

Parikka, Jussi. 2012. *What Is Media Archaeology?* Cambridge: Polity.

Parland-von Essen, Jessica and Kenneth Nyberg, eds. 2014. *Historia i en digital värld*. Version 1.0.1, May. https://digihist.files. wordpress.com/2014/05/hdv_v1_0_1.pdf.

Prescott, Andrew. 2018. 'Searching for Dr Johnson: The digitisation of the Burney newspaper collection'. In *Travelling Chronicles: News and Newspapers from the Early Modern Period to the Eighteenth Century*, edited by Siv Gøril Brandtzæg, Paul Goring and Christine Watson, 49–71. Leiden: Brill.

The Programming Historian. https://programminghistorian. org.

Rabinovitz, Lauren and Abraham Geil, eds. 2004. *Memory Bytes: History, Technology, and Digital Culture*. Durham, NC: Duke University Press.

Rendgen, Sandra. 2018. *The Minard System: The Complete Statistical Graphics of Charles-Joseph Minard from the Collection of the École nationale des ponts et chaussées*. New York: Princeton Architectural Press.

Rikowski, Ruth, ed. 2011. *Digitisation Perspectives*. Rotterdam: Sense Publishers.

Robertson, Stephen. 2016. 'The differences between digital humanities and digital history.' In *Debates in the Digital Humanities 2016*, edited by Lauren F. Klein and Matthew K. Gold. Minneapolis, MN: University of Minnesota Press.

Rosenzweig, Roy. 2011. *Clio Wired: The Future of the Past in the*

Digital Age. New York: Columbia University Press.

Rushkoff, Douglas. 1994. *Media Virus! Hidden Agendas in Popular Culture*. New York: Ballantine Books.

Sampson, Tony D. 2012. *Virality: Contagion Theory in the Age of Networks*. Cambridge: Polity.

Schmale, Wolfgang. 2010. *Digitale Geschichtswissenschaft*. Vienna: Böhlau Verlag.

Seefeldt, Douglas and William G. Thomas. 2009. 'What is digital history?', *Perspectives on History: The newsmag-azine of the American Historical Association*, 1 May. https://www.historians.org/publications-and-directories/perspectives-on-history/may-2009/what-is-digital-history

Smith, David A., Ryan Cordell and Elizabeth Maddock Dillon. 2013. 'Infectious texts: Modeling text reuse in nineteenth-century newspapers', *Proceedings of the IEEE International Conference on Big Data, 6–9 October 2013, Santa Clara, CA*, 86–94. DOI 10.1109/BigData.2013.6691675

Smith, David A., Ryan Cordell and Abby Mullen. 2015. 'Computational methods for uncovering reprinted texts in antebellum newspapers'. *American Literary History* 27 (3): E1–15.

Svensson, Patrik. 2016. *Big Digital Humanities: Imagining a Meeting Place for the Humanities and the Digital*. Ann Arbor, MI: University of Michigan Press.

Tamm, Marek and Peter Burke, eds. 2018. *Debating New Approaches to History.* New York: Bloomsbury Academic.

Thompson Klein, Julie. 2015. *Interdisciplining Digital Humanities: Boundary Work in an Emerging Field.* Ann Arbor, MI: University of Michigan Press.

Weingart, Scott. 2014. 'The moral role of DH in a data-driven world', 14 September. http://www.scottbot.net/HIAL/index.html@p=40944. html.

Weller, Toni, ed. 2013. *History in the Digital Age.* London: Routledge.

Wevers, Melvin and Thomas Smits. 2020. 'The visual digital turn: Using neural networks to study historical images'. *Digital Scholarship in the Humanities* 35 (1): 194–207.

Zaagsma, Geerben. 2013. 'On digital history'. *BMGN – Low Countries Historical Review* 128 (4): 3–29.

Zielinski, Siegfried. 1999. *Audiovisions: Cinema and Television as Entr'actes in History.* Amsterdam: Amsterdam University Press.

索引

人名

3-6 畫

文獻

3-10 畫

11 畫以上

298

專有名詞
2-8 畫

其他

何謂數位歷史學？

作　　　者	漢儒・薩爾彌（Hannu Salmi）
譯　　　者	范純武、湯瑞弘
選 書 人	張瑞芳
責任編輯	張瑞芳
校　　　對	童霈文
版面構成	張靜怡
封面設計	林宜賢
行 銷 部	張瑞芳、段人涵
版 權 部	李季鴻、梁嘉真
總 編 輯	謝宜英
出 版 者	貓頭鷹出版

發 行 人　涂玉雲
發　　行　英屬蓋曼群島商家庭傳媒股份有限公司城邦分公司
　　　　　104 台北市中山區民生東路二段 141 號 11 樓
　　　　　劃撥帳號：19863813；戶名：書虫股份有限公司
城邦讀書花園：www.cite.com.tw　購書服務信箱：service@readingclub.com.tw
購書服務專線：02-2500-7718~9（週一至週五 09:30-12:30；13:30-18:00）
24 小時傳真專線：02-2500-1990~1
香港發行所　城邦（香港）出版集團／電話：852-2508-6231／傳真：852-2578-9337
馬新發行所　城邦（馬新）出版集團／電話：603-9056-3833／傳真：603-9057-6622
印 製 廠　中原造像股份有限公司
初　　版　2024 年 2 月
定　　價　新台幣 480 元／港幣 160 元（紙本書）
　　　　　新台幣 336 元（電子書）
I S B N　978-986-262-675-7（紙本平裝）／978-986-262-673-3（電子書 EPUB）

有著作權・侵害必究
缺頁或破損請寄回更換

讀者意見信箱　owl@cph.com.tw
投稿信箱　owl.book@gmail.com
貓頭鷹臉書　facebook.com/owlpublishing

【大量採購，請洽專線】(02) 2500-1919

城邦讀書花園
www.cite.com.tw

國家圖書館出版品預行編目資料

何謂數位歷史學？／漢儒・薩爾彌（Hannu Salmi）
著；范純武、湯瑞弘譯．-- 初版．-- 臺北市：貓頭
鷹出版：英屬蓋曼群島商家庭傳媒股份有限公司
城邦分公司發行, 2024.02
　面；　公分．
譯自：What is digital history?
ISBN 978-986-262-675-7（平裝）

1. CST：史學　2. CST：數位化

603.1029　　　　　　　　　　　112021277

本書採用品質穩定的紙張與無毒環保油墨印刷，以利讀者閱讀與典藏。